U0647925

《科教发展评论》编辑委员会

编委会主任：徐小洲

编委会委员：

（按姓氏笔画排名）

马陆亭　王孙禺　王沛民　王振海　王家平

孔寒冰　叶　民　刘继荣　孙福全　张　炜

严建华　余逊达　邹晓东　陆国栋　陈昆松

罗卫东　周光礼　周谷平　胡旭阳　姜嘉乐

顾建民　徐小洲　傅　强　雷　庆　魏　江

主　编：张　炜

副主编：姜嘉乐

特约编辑：朱　凌　李　文　徐贤春　何秋琳　胡　萍

主编 / 张　炜

科教发展评论

REVIEW ON SCIENCE, TECHNOLOGY & EDUCATION DEVELOPMENT

第八辑

ZHEJIANG UNIVERSITY PRESS
浙江大学出版社

目　录

Contents

Open Engineering Education

开放式工程教育①

|杨 卫| |常若菲|

【摘 要】 中国的工科发展结构呈自我充实型,但随着教学大纲的规范化,知识点的定制型细分,现有教育方案与内容有逐渐固结的趋势。本文旨在探讨如何在现有的基础上形成一种开放式的工程教育。我们从历史脉络出发,通过回顾中国工科院群的特色发展历程,来梳理传统工科到新工科的学科裂解过程,从而引出开放式工程教育所应具有的七方位开放特征。

【关键词】 开放式;工程教育

一、引言

美国国家科学理事会(National Science Board)每年发布一次《科学与工程指标》(*Science and Engineering Indicators*),以美国为研究对象,同时比较世界各国(地区)的科学研究和教育数据。最新关于理工科学士学位和博士学位授予数量的统计显示[1],2000 年到 2016 年,中国的理工科学士学位的授予人数增长迅速,大大超越了美国和欧洲六国(法国、德国、意大利、波兰、西班牙、英

①杨卫院士在 2020 年 12 月 11 日"应对全球性挑战的工程教育系统创新暨第十五届科教发展战略国际研讨会"上的主题报告,根据讲话录音整理,经作者本人确认。

作者简介:杨卫,中国科学院院士、技术科学部主任,发展中国家科学院院士、司库,美国工程院外籍院士,固体力学专家,浙江大学教授、博士生导师,现任中国学位与研究生教育学会理事长、中国国际中文教育基金会理事长、浙江大学发展委员会主席。
　　　　常若菲,浙江大学航空航天学院,浙江大学交叉力学中心主任助理。

国),见图 1。然而,从理工科博士学位的授予人数来看,欧洲六国和美国均高于中国,见图 2。2016 年以后,中国的博士生招生名额开始增加,博士学位获得者数量亦有相应提升。在科学研究方面,从定量指标看,中国的工科已取得稳步进展。例如,在基本科学指标数据库(ESI)所列的 22 个学科领域中,中国在工程学、材料科学和化学学科的学术影响力已经超过了美国。除了上述的三个领域,计算机科学、数学、农学和物理学等四个领域在学术产出量方面也超过了美国。虽然理工科在规模上已经取得了比肩

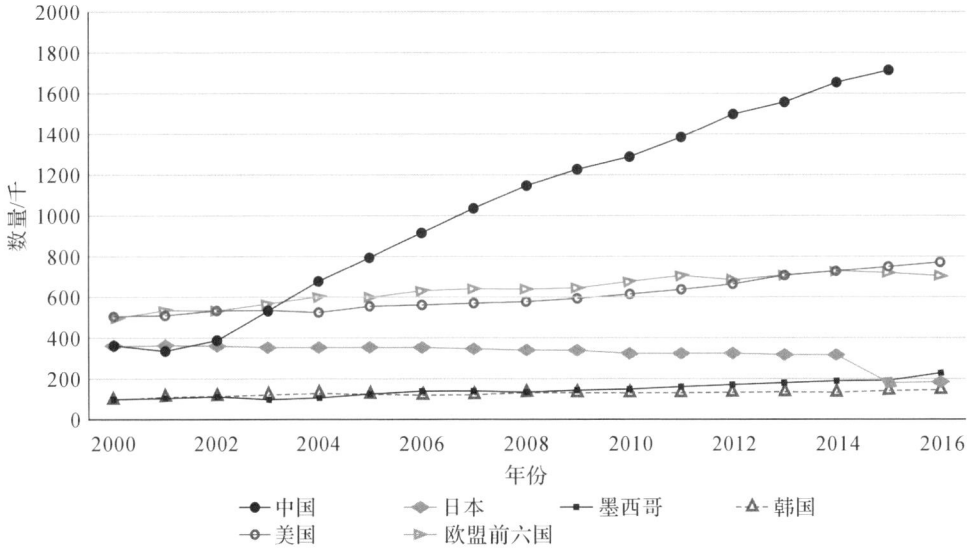

图 1 选定地区、国家或经济体的大学第一学位为理工科的学士学位授予数量(2000—2016 年)
来源:美国国家科学委员会,https://ncses.nsf.gov/pubs/nsb20201/u-s-and-global-education。

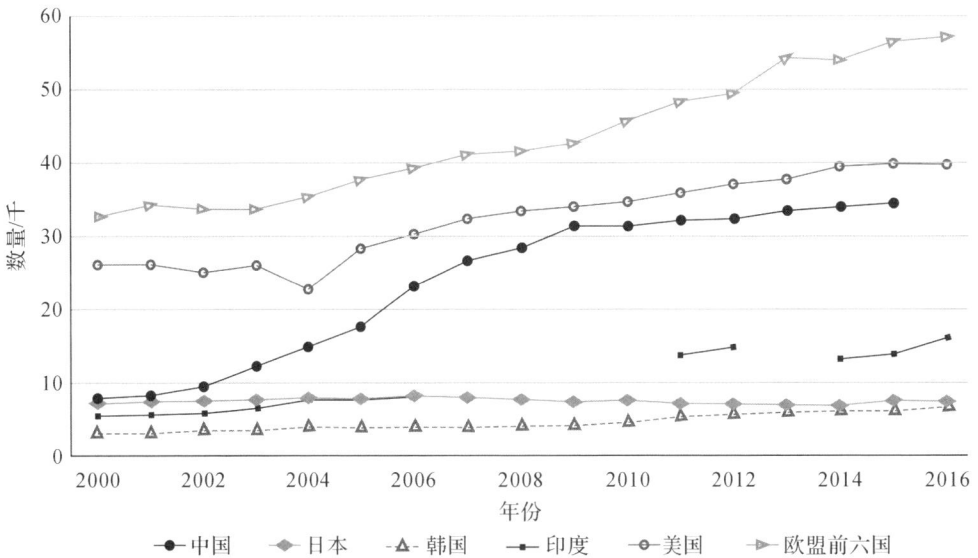

图 2 选定地区、国家或经济体的理工科博士学位授予数量(2000—2016 年)
来源:美国国家科学委员会,https://ncses.nsf.gov/pubs/nsb20201/u-s-and-global-education。

欧美的成绩,我们必须意识到在高水平(或原创性)学术贡献方面的差距依然很大。

中国工科的发展结构是自我充实型。所谓"自我充实型",就是先移植国外(欧美或前苏联)的工科体系,进而形成工科的骨架,再根据在我国建成的一套完整的工业体系,发展出与之对应的一套完整的工科培养体系。该培养体系目前已经形成。随后,各校工科的师资在过去几十年不断地增加,并在一定程度上统一了各个学校的教学大纲,统一之后再逐步细化。这个过程既有其优点,也有其弊病。知识点被划分得太明晰,最终很可能导致趋同,出现教育方案、教育内容的固化。因此呼唤着一种开放式的工程教育。本文将探讨如何在现有的工程教育基础上形成一种开放式的工程教育。

二、中国工科院群的特色发展

"双一流"建设是当前我国包括理工科在内的所有学科发展的一个驱动力。各校对其在 2050 年的远景目标规划大致有 4 种提法:进入世界一流大学行列;进入世界一流大学前列;进入世界顶尖大学行列;进入世界顶尖大学前列。北京大学和清华大学等国内顶尖高校以进入世界顶尖大学行列(如量化为世界前 20 名)为目标。2020 年 9月,清华大学组织专家评估"双一流"建设周期效果[2],自评"全面建成为世界一流大学"引发争议,但是同一评估意见中"和世界顶尖大学还有距离"的描述却被媒体报道忽略了。自 20 世纪 90 年代中期,清华大学的"三个九年"的发展战略一直是:在 1994—2002 年的第一个九年,调整结构,奠定基础,使学校初步实现向综合性、开放性、研究型大学的过渡;2003—2011 年,重点突破,跨越发展,力争跻身于世界一流大学行列;2012—2020 年,全面提高,协调发展,努力在总体上建成世界一流大学。按照可持续发展的理念,到 2020 年后学校还要继续提高水平,到 21 世纪中叶我国基本实现现代化时,争取达到或接近世界著名的先进水平的一流大学。[3] 从这里可以看出,清华大学的目标是世界顶尖大学,"世界一流大学"只是其中的一个阶段。

"双一流"建设也是工科建设的一个推手,如果我们回顾中国工科院群的特色发展,大概可以用四句话来表述:类型决定发展路径,特色决定组织架构,人才决定上升高度,文化决定历史地位。

(一)类型决定发展路径

对高等教育在新中国成立以后的历史发展进行梳理,会发现大学最初有五类,即综合性大学、理工科大学、师范类大学、专科类大学、艺术类大学等。在五类大学中,有的学校在某时期属于一类,过了若干年变成另一类。如清华大学在院校调整前是综合性大学,而院校调整后变为理工科大学。王大中任清华大学校长时期制定并开始实施"三步走"的总体发展规划,第一步就是要清华大学重新成为综合性大学。[4] 浙江大学原来也是综合性大学,1952 年院校调整时被拆分为四校,成为了工科大学,理科也是后来建的。1998 年,同根同源的四校浙江大学、杭州大学、浙江农业大学和浙江医科大学进行合并,以创建"具有世界先进水平的研究型、综合型和创新型的一流大学"为目标。浙江大学的发展和它的学科、人才、校友、文化一脉相承。常有观点认为浙江大学的院系调整比较生硬,但是从现在看来,四校合并的过程与许多学校相比更加顺利,主要是因为校友曾经都属于一个学校。所以,类型这一因素为高校带来不同的发展路径。现在北京大学发展工科,也有自己的发展路径,后文会讨论这一点。

不同类型学校的基本结构有各自的特点。综合性大学是峰峦构架,学科相对来讲是稀疏配置,联系是网状的联络。理工科大学是院群构架、团粒结构,有大团队,也有PI制的组,一般采用分进合击的方式,适用于以问题为主导的科研。而专科院校是山型构架,以一个学科为主,在主学科旁边形成辅助的学科,一般都是梯队结构,纵横联络。师范大学则是外延构架、岛状结构、交叉联络。

(二)特色决定组织架构

特色就是生命线。有的学校自身有学科或行业特色,例如中国地质大学、中国矿业大学和中国石油大学,其行业特色和学科特色非常鲜明,所以不能抛弃特色。特色是组织架构,是学术地位,也是行业地位。丧失了特色以后,学校就默默无闻了。特色是文化传承,特色是前进之旗,不能让学校从原来的特色转成一个完全综合化的特色,原来在某一行业、某一领域起着引领作用的高校,现在把"尖"按住而去发展别的方面,除非不损伤"尖",否则就会出问题。

(三)人才决定上升高度

俗语说"铁打的营盘,流水的兵"。人才就是营盘,它的更新周期很长,所以人才往往是学校发展的关键。

中国科学院技术科学部曾经做过一个咨询项目,由中西部十几位院士牵头,王光谦院士担任调研的首席。调研的结论是,"帽子"在东部是必需的,没有"帽子"上不去。在浙江大学,年轻教师进入长聘系列,如果没有得到"帽子",再往上晋升非常难。而在西部,"帽子"则是被挖的对象,有"帽子"就很容易被人挖走。建议支援西部不能支援戴"帽子",得支援设"凳子"。这个"凳子"就设在西部,人一挖走这个"凳子"就没了。本文著者之一在担任浙江大学校长时曾提出过一个关于高校教师队伍组成的理论,认为高校教师队伍可以用"狮、狼、雁、羊"四群形象划分。

1. 狮群。狮群由顶级学者组成,每一个教授都是一头狮子,有自己的领地,大树底下不长草。如果一个学校所有教授都是狮子,狮均的产出会非常高。一个具体的例子是哈佛大学,它的教授全是狮子,不是狮子无法到哈佛大学当教授。但是每一头狮子底下都有一个团队,教师只记有狮子一个人,所以人均的产值非常高。目前国内尚未形成这样的学校。

2. 狼群。狼群由一流学者组成,每一个老师都是一头狼,都是要吃肉不吃草。当然还有头狼,可以实施分进合击。只要看到什么地方有比较丰硕的肉,狼群就上去了。

3. 雁群。雁群由梯次配备学者组成,有很大的团队,有头雁,团队的功效很大,头雁的发展都没有问题。但是当一个雁群里有几十、上百只雁,每只雁的个体成长就比较困难。

4. 羊群。羊群由主要从事中低端研究的教师组成,光吃草,不吃肉。羊群扫荡草原,将嫩草吃尽。我们当时希望高校教师不做羊群,要转变成狼群或雁群。

(四)文化决定历史地位

院群的兴起和衰落都有周期,是历史的必然。历史由学生、校友和史学家写就。历史往往遵循铭记领袖、遗忘领导、铭记高度、遗忘数量的规律。后人只会记得学科曾经达到的高度,而遗忘数量。从传承上来讲,铭记事件,遗忘过程,铭记文化,淡忘物质。

三、从老工科到新工科

(一)新学科孕育

工科建设发展已经相对成熟了,处在架子已经搭建好再不断细化的阶段。但是,这一细化过程不应该是走向固化的过程,而应该是一个凤凰涅槃的过程。从老工科到新工科,新学科是怎么孕育的？从几段历史来看,新学科基本上是从原来的学科中分解出来的。

比如,清华大学原来是一个综合性大学,解放前它有 7 个学院,其中一个是工学院。工学院当时是传统的机、电、土、化四个工学学科。"电"当时是电机系,电机系培育出一个无线电系,从无线电系又培育出电子系、计算机系、自动化系,这就是现在清华大学最强大的信息科学技术学院。将来还会继续孵育,比如信息科学技术学院有一个微电子学研究所,很有可能因为集成电路变成一级学科,人工智能也有可能从中间孵育出来。而在浙江大学,机、电、土、化的"化"里有一个化工自动化,化工自动化又衍生出控制系和信电系,然后再孵育出计算机系,这些都是学科分化的过程。

北大在院校调整后便没有了工科,只有一个数学力学系。先是数学与力学分开,各自成系。随后,力学系变成了工学院,工学院现在马上要变成工学部,之后可能会变成很多的学院。北大关于工学部发展的最新研讨显示,未来会形成 7 个独立的工科院系。工学的许多内涵就在这样的哺育分化中慢慢形成,但仍未达到平衡。力学与工程科学学院作为母体仍在继续孵化,这是一个新学科孕育的过程。

(二)新工科的意指

各个学校发展的新工科具有多样性,不同的学校发展的内容也不相同。有的是以胞元分裂的方式新分出来的工科;有的是新成长出来的工科,比如复旦大学"三步走"计划的第一步是到 2020 年形成 5 个学科群:医科、理科、人文、社科、工科。前 4 个学科群都有了,工科要新建,便以新工科的形式布局[5],要从材料、高分子、信息、物理等通过边缘扩张的方式来进行;还有就是新构架下的工科,即把学科厚重构架、教师密集配置的工科转变成轻构架下的工科;还有通过学科交叉而形成的工科,如通过信息、人文、社科交叉而形成的工科;再有就是新理念下的工科,即只做工科的基础,也就是工程科学。

(三)老工科的忧虑

新工科的分化带来了老工科的忧虑。当工科发展成为一个相对成熟的学科,新的一部分剥离出去,剩下成熟这一部分最后可能走向边界固化、内部资源出现零和博弈的情况。这个时候的老工科可能会丧失对学生的吸引力,失去追梦的年轻教师。教育方案陈旧僵化也是老工科面临的另一难题。新学科的形成也影响了学科交叉,越来越细的学科划分导致了学科交叉的封闭束缚。

四、开放式工程教育

(一)七个方位的开放

开放式工程教育包括开放式教育体系、包容性教学大纲、融合型师资构成、交叉态人才培养、跨学科能力平台、厂校桥实践平台、全球通东西学缘等七个方位的开放。

工程教育要通过开放来寻求创新。教育体系的固化会导致学生兴趣的缺失,因此必须形成开放式的教育体系。教育体系必须采用包容性的教学大纲与融合型的师资构成,而且要能够让其他学科的人在这个学科也能发展起来,在这个学科环绕交叉带进行人才培养。否则,"血统"越来越纯了之后会慢慢走向僵化和死亡。比如现在多采取对博士学位论文的随机送审,但需要从作者所在的二级学科中挑选评审专家。如果做交叉的研究,就可能由于不属于该学科范畴被评审专家否定。另外,要建立跨学科的能力平台,厂校要形成桥,它的实践平台要达到共通。最后，希望师资队伍构成能有全球的学缘，学缘越杂化越好。

（二）理工结合

冯·卡门（Theodorev on Kármán）曾经说过，"科学家发现现存的世界，工程师创造未来的世界"。他认为，力学处在最令人激动的位置，因为力学是理工交叉的。冯·卡门的学生钱学森先生说，"工程科学主要是研究人工自然的一般规律，是理论研究和应用研究的结合，主要探索基础理论的应用问题"。[6] 1947年，钱学森先生曾在浙江大学工学院做过一个著名的演讲《论工程科学》，他提到工程科学的重要作用，实际上为现在的工程教育打下了基础。

（三）特色型工科形成

实施开放式工程教育，全校都应当有特色共识，确保特色举国无二。在学科发展上，至少有一个学科群要成为一流或特色学科，演绎出针对该特色的发展里程碑，形成大 T 型套小 T 型的特色结构或门型结构，其中 T 型的立柱为特色学科群，采用团队或团粒构型，横梁为支撑学科群，采用小而精或小 T 型构型。

（四）生态健康

在开放式工程教育中，特色应当与时俱进，避免陷入修昔底德陷阱。随着一些新工科的发展壮大，学科发展要注意相互包容，不能大吃小。另外，评价标准不能一刀切，标准中也应当体现特色。在学科队伍建设中，保持代际平衡至关重要，"大树下面要长草"。

（五）案例：交叉力学

仍以力学为例。以前的教案、教学大纲、知识点、教科书、习题等都很成熟，比如浙江大学刘鸿文教授编的《材料力学》[7]，一直都被各校使用，已经第八版了。能不能进一步改进教学系统呢？一个努力方向是从力学到交叉力学，其内涵包括四个交叉：介质交叉、层次交叉、刚柔交叉、质智交叉。著者最近在《力学与实践》期刊上发表了一篇文章《新语境下力学本科课程体系的重塑与实践》[8]，根据研究生培养的质量被评为浙江大学"五好"导学团队，新课"力学导论"获批教育部首批国家级线下一流本科课程[9]，还在《中国科学》上发文"X-Mechanics—An endless frontier"，阐述交叉力学是一个无尽的前沿的观点。[10] 交叉力学中心正式出版了《力学导论》一书，被教育部高等学校力学类和航空航天类专业教学指导委员会同时选为推荐教材，以新的叙事体系全景式地探讨力学，包括力学往事、力学今生、力学前瞻，以及其中的人文内涵。[11]

总而言之，开放式的工程教育必须保证一点：新工科出现的同时，老工科要更加开放，否则就可能逐步僵化，不利于我国在工科教育上的发展。

参考文献

[1] The State of US Science and Engineering 2020，NSB，Science & Engineering Indicators［EB/OL］. https://ncses.nsf.gov/pubs/nsb20201/u-s-and-global-education.

[2] 清华新闻网."双一流"专家评议会：清华大学全面建成为世界一流大学［EB/OL］.（2020-09-21）. https://news.tsinghua.edu.cn/info/1006/81983.htm.

[3]［4］清华新闻网.王大中：建设世界一流大学确立跨越式发展的办学理念［EB/OL］.（2008-12-23）. https://news.tsinghua.edu.cn/info/1226/44849.htm.

［5］ 许宁生.融合创新,推动学科水平上新台阶［EB/OL］.（2018-08-27）.http://www.moe.gov.cn/jyb_xwfb/moe_2082/zl_2018n/2018_zl56/201808/t20180824_346065.html.

［6］ Hsien H S.Engineering and Engineering Sciences［J］.Chinese Institution ofEngineers,1948,6:1-14.

［7］ 刘鸿文主编.材料力学Ⅰ、Ⅱ［M］.6 版.北京:高等教育出版社,2017.

［8］ 赵沛,王宏涛,杨卫.新语境下力学本科课程体系的重塑与实践［J］.力学与实践,2020,42(6):766-770.

［9］ 中华人民共和国教育部.教育部关于公布首批国家级一流本科课程认定结果的通知［R］.2020 年 11 月 24 日,教高函〔2020〕8 号.

［10］ Wei Yang,Hongtao Wang,Tiefeng Li et al.X-Mechanics—An Endless Frontier［J］.Science China (Physics,Mechanics & Astronomy),2019,62(1):5-12.

［11］ 杨卫,赵沛,王宏涛.力学导论［M］.北京:科学出版社,2020.

Open Engineering Education

Yang Wei,Chang Ruofei

Abstract:The current development structure for engineering education in China is self-enriching,but with the standaradization of the engineering syllabi and the customized subdivision of knowledge, the existing education programs and content have a tendency to gradually solidify. This paper aims to explore how to form an open engineering education system based on the existing foundation. We survey the historical roadmap for the development of Chinese engineering colleges and universities, with a focus on the disciplinary disintegration from traditional engineering to new engineering. A call on open engineering education is launched which emphasizes openness in seven dimensions.

Key Words:Openness;Engineering Education

专家
视野

Experts
View

Analysis and Prospect of Science and Education Development Strategies of World-Class Universities

一流大学科教发展战略分析与展望①

|陈 劲|

【摘　要】　新时代,国际形势的复杂多变与新冠疫情等黑天鹅事件的集中爆发,使得创新驱动发展的国家战略在面临空前挑战的同时,也迎来了"百年未有之大变局"的历史机遇。在此背景下,我国科教创新实践对创新发展的支撑作用进一步凸显。如何尽快提升科教创新的整体质量,建设迈向世界一流的研究型、创新型大学,促进通识教育、工程教育、跨学科教育的协同发展与综合改革,是解决我国科技创新进程中诸多关键问题的核心。因此,对一流大学科教发展的战略进行系统性、综合性与全面性的分析,是回首来路、立足当下、展望未来的关键。

【关键词】　科教创新;大学战略;一流大学

一、创新驱动引领发展的伟大使命

党的十九届五中全会提出"坚持创新在我国现代化建设全局中的核心地位,把科技自立自强作为国家发展的战略支撑",强调深入实施科教兴国战略、人才强国战略、创新驱动发展战略,完善国家创新体系,加快建设科技强国。我国目前有两个比较好的场景。一是创新能力建设发展较快,2000年

---

①陈劲教授在 2020 年 11 月 2 日"第二届中国科教智库论坛暨'新评价、新治理'研讨会"上的报告,根据讲话录音整理,经作者本人确认。

作者简介:陈劲,教授,清华大学经管学院技术创新研究中心主任。

以来创新投入持续增长,研发强度超过欧盟平均水平,研发总额超过欧盟国家总额。[1]二是在全球创新指数排名中进步较快,我国在彭博全球创新指数排名中从 2018 年第 19 位上升至 2020 年第 15 位[2],在世界知识产权组织等发布的 2020 全球创新指数(GII)排名中位列 14,超越了日本(第 15)[3],有机会超越那些比较小的国家和地区,上升至第 10 位左右。所以,从这些指标来看,我国已经进入中等创新型国家行列,但我们的目标是在 2035 年左右进入创新型国家前列。此外,我国的科学研究取得很大进展,科学论文发文总量于 2016 年首次超过美国,排全世界第一位,引用量仅次于美国,在全世界排名第二。[4]

现在我们跟美国的创新相对差距大概在 11 位①左右,高等教育方面的差距在 50 位左右②。所以问题不在科技界,而是在教育界,我们的大学要进一步加强改革,这是很关键的。尤其是创新型人才密度方面的差距仍然较大,我们培养的密度落后于先进发达国家和地区,甚至落后于意大利这样的早期工业化国家。高校科技成果转化率仍然比较低,科技与经济"两张皮"现象严重,所以高校下一步应对的关键是进一步落实习近平总书记的要求,要深度参与国家创新驱动发展战略实施。高校不能仅仅做好实验室里的研究,还必须具备将科技创新成果转化为推动经济社会发展的现实动力。一流高校要在世界科技创新强国建设中发挥关键引领性作用,这对高校工作提出了新的要求。

二、一流大学的科教创新实践

现在的教育支撑不了科技创新,需要进行通识教育、工程教育、跨学科教育改革。

(一)通识教育

没有很强的通识教育,学生无法拥有对自然的了解,对人文的了解,对社会的洞察。但是,大量学校还是难以转到通识教育。[5]

自 19 世纪 40 年代以来,哈佛大学就在不断尝试进行基础通识教育改革。在历任校长主持下,哈佛大学先后进行了 3 次本科通识教育改革。首次改革实施于第二次世界大战期间,哈佛委员会发布《哈佛通识教育红皮书》,将通识课程划分为自然学科、人文学科、社会学科三大领域。20 世纪 70 年代在《核心课程报告书》的指导下,哈佛大学进行了第二次教学改革,将原有三大学科领域重新划分,形成外国文化、历史研究、文学与艺术、道德推理、自然科学和社会分析。21 世纪以来的改革则构建了全新的课程结构,以 2009 年推行的《通识教育特别工作报告》为基础,设立"人文学科""逻辑推理""自然科学"和"社会科学"四个领域,并在四大领域下设八大门类课程,细化至审美与阐述能力、文化与信仰、实证和数学推理、伦理和推理、生命系统科学、物理宇宙学、世界诸社会、美国与世界的关系。

芝加哥大学一直是美国通识教育的领导者,其通识教育课程涵盖范围广,学科交叉性强,注重对不同学科知识的综合整合,以及跨学科知识与现实问题的综合性理解。课程立足于多学科、跨学科的角度,例如将人文学科与生物科学、数学科学等自然科学学科综合交叉。如"西方文明中的科学、文化与社会"课程聚焦西方科学的起源与发展,追溯生物、心理、自然与数学等科学学科的演变过程。

---

①位次差距参考彭博 2020 全球创新指数(GII)排名。

②位次差距综合参考 USNEWS 和 ARWU 相关大学排行榜数据。

（二）工程教育

麻省理工学院（MIT）一直是全球工程教育、工科人才培养的典范，先后经历了三次工程教育改革。第一次改革秉承"有用的知识"（useful knowledge）教育观，重视培养能够参与经济建设的工程科技人才，体现为工程人才培养从经验范式向技术范式的转变。第二次改革注重培养具备工程科学知识的工程人才，体现了工程教育向强调基础科学知识的科学范式转变。20世纪90年代以后，顺应现实需求，MIT主张工程教育回归工程实践本质，向工程实践范式转变。CDIO（Conceive，Design，Implement，Operate）理念的提出是第三次改革的重点。MIT当前的改革实践是"新工程教育转型（2017—2020）"（the New Engineering Education Transformation，NEET[6]）计划，其核心思想是基于整合式创新思维，以系统反思工程教育为目的，关注学生的学习内容与学习方式的变革，综合培养学生的工程思维、科学思维和人本思维。关于CDIO和NEET，我们一直没有实现，我们的构思和设计不够，实践和运作太多。我们下一步面临智能时代，需要进行工科改革。

（三）跨学科教育

教育也要跨学科多学科，才能把人才培养得更好。以前是跨学科研究，现在强调跨学科教育。一流大学更加注重跨学科培养。

普林斯顿大学构建了跨学科培养支撑机制，组建独立的跨学科研究中心，打破院系屏障，突破学科壁垒，既加快了相关学科深层次的融合速度，又促进了不同背景的教师及学生的思想交流与碰撞；设立跨专业管理委员会，管理学生跨学科学习的相关工作，其中包括制定跨学科规范、进行项目宣传、提供跨学科研究资金支持，并负责向符合要求的学生颁发跨学科学习证书；建立联合聘任制，在跨学科研究生学位项目的主导方引入其他学科（学院）的教师组建跨学科师资队伍，教师既在原所属院系任职，又承担跨学科研究生学位项目的教学、学生指导的工作，形成联合聘任模式。如"计算与信息科学"跨学科证书项目，联合聘请计算科学、电气工程、化学、数学、心理学等多个领域的教师。

曼彻斯特大学专设交叉学习学院，允许学生基于自己的研究项目跨院系、跨领域组成个性化学习单元。交叉学习学院同时向学生提供基于全球最新议题的交叉培养项目，如数字革命、全球化、心理健康等。曼彻斯特大学甄选出学校的优势研究领域，进一步加深这些领域的交叉合作。

MIT甚至连学科都不要了，促进"反学科"（anti-disciplinary）发展，探索学科之间以及之外的"空白领域"，在现有学科范围之外开辟新方法与新领域。这是一种思维、一种很重要的理念，这种模式颠覆了既有的科研范式，催生了大量重大原创成果。现在我们的多学科、跨学科、"反学科"能力还是不够，值得深入研究。所以，我们的科研能力不强实际是因为教育体系不足，教育对话和科研对话要能够联系起来。

三、迈向世界一流的研究型、创新型大学

回顾大学的发展历程，大学一直在国家和社会发展建设中扮演重要角色，其使命也一直随时代的变化不断变革。11世纪成立的博罗尼亚大学，彼时以人才培养为主要建设目标；19世纪建立的柏林大学，使大学的核心功能逐步由单一的人才培养拓展至科学研究；20世纪"威斯康星思想"诞生，强调大学进入公众视野，除基本人才培养和科学研究以外，大学还承担起了社会服务的责任。下一步的关键是大学改革，21世纪应

该是中国的大学改革,我们的高等教育要在高等教育强国建设方面做出努力,以创新与领导力教育引领和推动中国的发展。

(一)"双一流"大学"十四五"时期的关键发展目标

"十四五"时期,"双一流"大学的关键发展目标有以下几个方面。

一是若干主要优势学科进入世界一流前列。强化工科优势,增强理科实力,促进文科提升,加快生命科学和医学学科发展,推动学科交叉,学科核心竞争力和可持续发展能力显著提升,主要优势学科保持国内领先并迈入世界一流。

二是师资队伍整体达到世界一流水平。引进若干国际顶尖人才和一批杰出人才,加大中青年人才培养力度,进一步提高教师队伍中高层次人才比例,提高国际师资的比例,提升教师的国际化水平,建立一支具有国际影响力的优秀教师队伍。

三是拔尖创新人才培养质量显著提高。探索基础教育、本科教育和研究生教育的整合培养机制,加强本科通识教育的力度,提升博士生培养质量,毕业生的学术竞争力明显增强,在国内外知名高校和重点科研机构、骨干企业就业的比例明显提升。

四是科研引领作用显著增强。加强基础研究,力争取得若干具有重大影响力的原始创新性成果;加强科研团队建设,承担国家重大科研项目的能力明显增强;建立和完善产学研协同创新机制,科技成果转化水平明显提升。

(二)"双一流"大学建设的着力点

"双一流"大学建设有如下几大着力点。

研究型大学要强化基础研究,要显著增加基础研究和应用基础研究的比例,成为基础研究的主体。长期以来,大学的基础研究投入相对较低,在研究选题和研究前沿方向

上面临一些问题。大学要加大具有转型意义的基础研究项目的遴选,提高基础研究的要求。大学作为基础研究主体,也要布局先导项目,成为国家战略科技力量。现在中国的创新还是基于工程的创新,以早期发展阶段为主,科研工作要转型,下一步的创新是基于科学的创新,包括材料和生命科学的创新。

建设国家战略科技力量,国家重点实验室将是一类新型的研发机构。我们要进一步完善国家重点实验室的体制机制改革,使之成为我国一支重要的战略研究力量。要完善大学研究员系列的职称设置和改革,进一步增强文科实验室的建设,加大高等研究院的设置,使之成为大学核心的科研力量。

大学要加强与行业龙头企业开展联合开发。从技术转移走向联合开发,加大和行业领先企业的科研合作力度。国家要支持企业建立研究院,支持大学建立面向成果转移的研究院。

师生共创、促进成果转移转化。以具有转化潜力的科研成果来促进创业,一方面能够推动学校大学生自主创业工作的开展,另一方面能有效地促进科研成果的转化,而且能够提升科研成果的附加值,做到大学生创业和科技成果转化两统一。

完善大学创新体系。以重大科技前沿和国家重大需求为导向,遵循现代科学技术的发展特点和内在规律,以体制机制改革为重点,大力推动高校基础研究、产业核心技术联合开发和成果转移转化相协同的创新体系建设,提升高校科技治理体系及治理能力现代化水平,增强高校综合竞争力,支撑国家创新体系建设。

进一步弘扬创新文化。强化全球视野,增强家国情怀,培养引领意识,增强合作精神。

以文明史为轴心弘扬传统文化、增强文明对话。现在我国和美国的问题已经不是

技术问题,而是文明理解问题。文明对话可能比技术创新更重要,我们现在就面临文明冲突,冲突的关键是互相理解、互相尊重,而不是互相对抗。现在不是信息化问题,也不是数字化问题,其实是文明对话的问题,全世界解决冲突唯一的办法就是文明对话。

参考文献

[1] Chen,J. Towards New and Multiple Perspectives on Innovation[J]. International Journal of Innovation Studies,2017,(1):1-4.

[2] Bloomberg Innovation Index—2020[EB/OL]. https://www. bloomberg. com/news/articles/2020-01-18/germany-breaks-korea-s-six-year-streak-as-most-innovative-nation.

[3] WIPO. Global Innovation Index 2020[R]. Geneva:WIPO,2020.

[4] National Science Board. Science and Engineering Indicators 2018（NSB—2018-1）[R]. https://www. nsf. gov/statistics/2018/nsb20181/digest/sections/global-r-d-one-measure-of-commitment-to-innovation.

[5] Derek Bok. 回归大学之道——对美国大学本科教育的反思与展望[M]. 侯定凯,等,译. 上海:华东师范大学出版社,2008:153-168.

[6] Edward F. Crawley, Anette Peko Hosoi, Amitava Babi Mitra. Redesigning Undergraduate Engineering Education at MIT—the New Engineering Education Transformation（NEET）initiative[C]. 2018 ASEE Annual Conference & Exposition,2018-04-20.

Analysis and Prospect of Science and Education Development Strategies of World-Class Universities

Chen Jin

Abstract: In the new era,the complex and volatile international situation and the outbreaks of "black swan" incidents such as the Covid-19 have made the national strategy of innovation-driven development face unprecedented challenges while also ushering in opportunities. In this context,the supporting role of China's science and education innovation practice on innovation development is further highlighted.

To improve the overall quality of science and education innovation,build world-class research and innovation-oriented universities,and promote the coordinated development and comprehensive reform of general education,engineering education,and interdisciplinary education is to solve many key issues in the process of scientific and technological innovation in China. Therefore,a systematic,comprehensive,and holistic analysis of the strategies for the development of science and education in world-class universities is the key to looking back on the path,keeping a foothold in the present,and looking forward to the future.

Key Words: Science and Education Innovation;University Strategy;World-Class University

Challenges and Innovations in Online Engineering Education:Online Laboratories and Digital Platforms

在线工程教育的挑战与创新:在线实验室与数字平台[①]

|Funso Falade|　|沈锦璐|

【摘　要】　21世纪的通信和互联网技术普及使在线工程教育的扩展成为可能。新冠肺炎疫情的大流行要求全球的工程教育工作者迅速重新设计课程,在新的远程学习环境中指导、支持和激励学生。本文介绍了尼日利亚在线工程教育中存在的资金及基础设施不足、师生缺乏面对在线教学的准备等现实挑战,并对在线实验室及其数字化管理平台的未来发展、中非工程教育的进一步合作进行展望。

【关键词】　在线工程教育;在线实验室;数字平台

一、引言

2020 年 6 月 17 日,习近平总书记主持中非团结抗疫特别峰会并发表主旨讲话,指出中非经受疫情严峻考验,友好互信更加巩固,强调中非要坚定不移携手抗击疫情、推进中非合作、践行多边主义、推进中非友好,共同打造中非卫生健康共同体,推进中非全面战略合作伙伴关系高水平发展。非洲

---

①Funso Falade 教授在 2020 年 12 月 11 日“应对全球性挑战的工程教育系统创新暨第十五届科教发展战略国际研讨会”上的主题报告,根据讲话录音整理。

作者简介:Funso Falade,非洲工程教育协会创始主席和现任主席,现任拉各斯大学工程系主任。

沈锦璐,浙江大学公共管理学院教育经济与管理专业博士生。

疾病控制与预防中心（Africa CDC）发布的数据显示，截至 2020 年 9 月 26 日，非洲累计约有 1437339 例感染病例。面对疫情影响，尼日利亚政府于 2020 年 3 月关闭包括从幼儿园到高等院校的教育机构在内的所有公共聚集性场所，目前已经通过多种在线课堂等形式为非理工科专业提供了可靠的解决方案，来应对新冠疫情对传统面对面教学模式造成的挑战。而对于带有实验室和车间操作组件的工科课程来说，教学模式的调整尤其具有挑战性。"一带一路"倡议与非洲的对接从"大写意"进入"工笔画"阶段，需要中非双方合力更新针对工程教育的在线教学方案，以确保工程学科师生在闭校期间持续传授和获取知识。

二、在线工程教育发展现状

在线工程教育可以有效打破时间与空间的阻隔，让同一门课程学生按照自己的进度接收不同的材料，降低线下实验室的操作成本与风险，将优质教学材料扩展到更多工科师生和在职工程师手中，已被全球的工程教育工作者广泛使用于教学过程中，作为传统工程教育教学的一种替代性教学方式。[1]随着信息与通信技术的发展，在线工程教育在 21 世纪受到越来越多国家政府和高校的重视。麻省理工学院（MIT）在 2000 年提出开放式课程（Open Course Ware，OCW）计划，并于 2004 年在非洲建立了镜像网站。该计划包含了麻省理工学院几乎所有的课程内容，将视频及互动资源等对全球开放共享。[2]由 32 个欧洲国家的教育部门联合参与的非营利性组织欧洲学校网络（European Schoolnet）2012 年在布鲁塞尔成立了未来教室实验室（Future Classroom Lab，FCL），其中的初始教师教育（Initial Teacher Education，ITE）项目通过在线活动和欧盟组织的学校创新论坛、学术会议等，支持教师数字化教

学能力的发展。[3]都柏林大学领导 ITE Lab 的 ICT 项目，开发了 3 个相互联系的模块框架。印度理工学院（IIT）承担印度人力资源发展部发起的虚拟实验室项目，提供了一个完整的虚拟实验室学习管理系统，为不同科学和工程学科的实验室提供远程访问，并供有限用户使用设备及资源，目前虚拟实验室二期已经建设了包括数字信号处理、脉冲开关模拟电路、汽车系统远程触发等在内的 30 个虚拟实验室项目。[4]

随着技术的发展和工程教育的现实需要，在线工程教育呈现了更为丰富的教学形式和教学手段。早期的在线课程本质是一个存储材料的仓库，播放录制的讲座、幻灯片，布置课堂作业，使用讨论板等，这种学习模式往往提供很少的反馈，并严重依赖于内容组织和课程参与者的社会活动程度。[5]智能辅导系统（Intelligent Tutoring Systems，ITS）则通过在学生从事学习和工作任务时跟踪和模仿，为学生提供了更适当、更具体的反馈。[6]葡萄牙特拉斯－奥斯－蒙特斯和阿尔托杜罗大学（UTAD）教授采用在线同行评议方法，在信息学、力学、能源等多个工程课程中向高等教育工程专业学生讲授工业管理，提高学生的沟通能力和批判性思维。除课程教学方式的突破外，实验室作为工程教育必不可少的内容，开始逐步被引入互联网中。更多高校开始开发和使用模拟环境实验室、自动数据采集和仪器远程控制等在线实验室形式，为学生提供科学实验室的软件模拟或应用，以及通过互联网远程使用真实的设备和仪器的可能性。[7]

在新冠肺炎大流行之前，尼日利亚的高等院校已经通过函授、Zoom、Telegram、翻转课堂以及其他基于互联网的学习平台等替代性授课系统向学生提供教学服务。尼日利亚的大学分为归属于联邦和州政府的公立大学及私人组织和个人开办的私立大学两类。较于公立大学，私立大学的学生人

数相对有限,目前已经能够在非理工科院系中有效地将现场教学迁移到在线平台。在线教学体验被广泛地应用于基于非科学学科的课程中,但这种替代性授课系统目前尚不包含实验室和车间实践。

三、在线工程教育面临的挑战

面对面教学及就地培训是尼日利亚教师传授知识和学生获取知识的典型模式。尼日利亚大学对学生的毕业要求分为学系、学院及学校要求三个层面,一个工程专业班级的规模通常为 120～150 人,学院层面开设课程的注册人数可能高达 800 人,学校层面开设课程的注册人数则更多。由于学生人数众多,新冠肺炎疫情大流行下,尼日利亚大学无法在不违反 COVID-19 安全协议和卫生准则的情况下进行现场授课,因此必须将针对工程教育的在线教学方案作为传统教学模式的替代性选择。当前,尼日利亚的在线工程教育教学仍充满挑战。

(一)资金支持及技术保障不足

尼日利亚的大学主要归属于联邦和州政府,联邦大学主要依靠政府提供资金,州立大学则通过收取最低标准的学费作为州政府拨款的补充。多年来,政府资助始终无法满足大学资金需求,而资金的匮乏导致学校没有充足的基础设施向学生远程授课,包括计算机和相应教具、用于连接计算机和互联网用户的物理硬件、传输介质和软件等供应不足。对于学生而言,许多出身贫寒的学生由于没有足够的资金定期购买联网所需的数据流量,或因来自网络连接情况较差的城镇和乡村而无法获取在线授课资源;对于一些工科教师来说,较低的工作报酬难以激励他们努力采集数据。让师生都能够访问可负担的、稳定的互联网仍是一个巨大挑战。

(二)工程专业认证成为难题

学生在实验室及车间实践中积累相关知识和技能一直是工科课程的必要组成部分。实验室及车间实践为学生提供了与设备和工具进行交互的机会,学生可以进行理论概念验证、实验结果建模、制造工业作品。尼日利亚有两个工程和技术专业认证机构,分别是尼日利亚国家大学委员会(National Universities Commission)和尼日利亚工程管理委员会(Council for the Regulatory of Engineering in Nigeria)。对工程和技术专业的认证是以满足工科课程最低学术和专业标准为基础的,其中包括实验室和车间实际的效果质量。[8][9]在线工程教育模式下,实验室及车间实践仍缺乏有效的虚拟替代品,工程专业的认证成为一个难题。

(三)师生缺少在线教学准备

在尼日利亚,工程教育中包含实践性内容的课程通常由 67％的理论课和 33％的实验室操作课组成,学生可以利用课余时间在实验室里自行研究案例,但几乎没有 100％基于车间的课程。将工程教育的"面对面"传统教学模式迁移到创新的在线教学平台,意味着教师将在学生尚没有实践动手经验的情况下教授工程课程,工科学生可能难以适应这种通过虚拟实验室的实验操作情况来理解真实生活情景的新教学体验。另一方面,在线工程教育教学要求师生具备计算机技术应用的熟练度。尼日利亚的工科教育工作者往往仅仅接收过基本的计算机培训,而并未在实际工作中使用过相关知识,向数字世界迁移的准备不足。

(四)在线教学的实际效果存疑

根据《尼日利亚国家大学委员会手册》(*The National Universities Commission Handbook*)规定,行业实习的最长持续时间为 44 周,包含 3 个模块的学生工业工作体验计划,时间分别为大二结束时的长假(8 周)、大三结束时的长假(12 周)、大四第二学期及长假(24 周)。[10] 在线工程教育模式下,不同层级的工业实践计划可能很难实现,难以达到实践环节的真正效果。同时,线下工程实践操作是学生参与团队协作、向同龄人学习、增强合作能力的重要机会,合作学习可以帮助学生更好地理解工程学科中的问题,目前的在线交流方式在效果上难以与面对面互动相媲美。

四、在线工程教育模式创新的前景与展望

(一)虚拟实验室

虚拟实验室为工程教育的开展提供模拟实验操作的软件,讲师能够以最低配置要求在远程建立仿真实验室。学生通过计算机对实验室操作系统进行模拟操作,可以进行参数调整、过程和器件建模等,比真实实验室操作流程成本更低、速度更快、风险更小。作为工程和 STEM 领域在线课程的补充,家庭实验室活动可以有效解决当下在线课程教学和虚拟实验室教学中存在的学生动手操作机会缺乏、实验室经验少的问题。[11] 在 MOOC 环境下,"家庭工具包"(at-home kits)可以被视为将"动手"学习纳入远程工程教育环境的潜在工具。利用"家庭工具包"作为部分课程材料开发数字设计虚拟实验室,使学生在家中就能进行课程实验。

面向未来,利用计算机游戏的原理开发基于网络的实验室和基于仿真游戏的在线学习,可以使学生们通过参加自我指导的项目来开展创新活动,例如夺旗(Capture the Flag,CTF)竞赛。基于计算机和高度交互的虚拟现实实验室(Virtual Reality Labs,VRLs)作为虚拟实验室的更高阶形式,可以让用户成为一个"虚拟现实"世界的参与者,使用实时三维模拟技术和不同的感觉通道形成一个三维人造光学环境,更为贴近真实实验室环境,帮助用户获得更好的虚拟实验室体验。

(二)远程实验室

远程实验室可以看作几个硬件和软件元素的协同工作和一组功能的同时提供。远程实验室允许用户通过远程通信使用真实的硬件设备。由于涉及对真实实验室的操作,部分硬件一次只能被一个用户主动使用,学生必须在规定的平台上预先注册和申请,并由实验室管理员审核通过,以获得一个可以进行实验的预定时间段。当实验室可以在线访问时,可能会增加学生合作的机会,同时消除对传统工作组的同一地点限制。未来的工程师可能逐渐习惯在一个成员分散在全国(或全球各地)的团队中工作,并在这种工作环境中获得技能,增强沟通和团队合作能力。

远程实验室需要同时确保网络安全和实验室安全,并通过资源管理来保持工程课程在线教学的质量。远程实验室发展需要不同工科专业的教师进行个性化设计,例如电气专业所有的设备在学生登录远程实验室系统前都是关闭的,以节省电能,增加钻机的寿命,并减少任何电路故障。[12] 远程实验室发展的未来方向之一是开发物理设备远程解决方案的扩展方法。扩展方法应当具备远程实验室和高效虚拟化的所有优点,并考虑动态资源供应和容错特性。

(三)数字平台

虚拟实验室和远程实验室的有效运行需要多方协作构建在线实验室数字管理平台。这一平台需要构建允许协作开发的,对发布、审计和访问等进行全方位控制的多层

架构,并监控用户安全访问远程设备,从而确保昂贵设备的安全。在线实验室可以被视为单个资源或一组服务,平台需要以标准化与个性化相结合的在线实验室服务,将在线实验室作为开放教育资源进行标准化,把提供学习和内容管理系统的标准功能集成到学习环境中或托管在学习对象存储库中,并对用户进行个性化匹配,供用户进行个性化选择与组合。

在线实验室数字管理平台应维护多机构实验室的独立数据,以及依赖专有软件技术或云中远程设备的部分实验室的元数据。数字平台的集成化管理,可以便利不同研究所的实验室使用可定制的模板和远程实验室协议向系统添加现有的模拟或远程实验室。实验室所有者可以使用来自其他实验室的模拟、动画、视频和评估等组件来创建新的组件。教师可以创建小组、添加学生、分配学习模块、分配作业、监控学生使用情况和评估学生表现。

五、结语

在技术应用的持续创新和发展下,在线工程教育的创新模式成为可能。虚拟实验室、远程实验室和相应的实验室数字管理平台可以为模拟必要的实验室和车间实践提供相应的途径。在线工具和对现有技术的升级已被推到大学教学的前沿,可能会为未来开展基于技术创新的工程教育提供一种有效的教学方法。在线工程教育的覆盖率提升首先需要通信基础设施能够保证教育活动良好发展所必需的传输速度,同时考虑到同时参与人数、网络负载等一系列因素,并保证师生拥有笔记本电脑、平板电脑等适合在教育平台上进行在线交流的技术设备,这也是当前非洲在线工程教育开展的主要制约因素。中非高等教育交流合作是"一带一路"倡议具体内容的重要组成部分和倡议目标实现的基础性力量,中非教育合作并非单向输出,而是中非互惠互利、文明互鉴、合作共赢的双向互动。面向在线工程教育的推广,双方合作应着力以非洲城乡信息和通信技术设施、高校内计算机及相关软硬件教具覆盖率的提升来帮助工程教育做好向数字世界迁移的准备,并通过长期合作与研讨共同探索在线实验室技术手段和教学方式的创新升级。

参考文献

[1] Răduca E,Popescu C,Hamat C O,et al. Considerations on Online Engineering Education in the Covid-19 Pandemic[J]. Annals of "Constantin Brancusi" University of Targu-Jiu. Engineering Series,2020(3): 85-90.

[2] Massachusetts Institute of Technology. Open Course Ware[EB/OL]. https://ocw. mit. edu/.

[3] European Union. Future Classroom Labs[EB/OL]. https://fcl. eun. org/ite.

[4] Indian Institute of Technology. Virtual Laboratory System[EB/OL]. http://vlabs. iitkgp. ernet. in/vlabs/.

[5] Lawton D,Vye N,Bransford J,et al. Online Learning Based on Essential Concepts and Formative Assessment[J]. Journal of Engineering Education,2012,101(2):244-287.

[6] Woolf B P. Building Intelligent Interactive Tutors: Student-Centered Strategies for Revolutionizing E-Learning[J]. Telearn,2009,59(5):337-379.

[7] Balamuralithara B,Woods P C. Virtual Laboratories in Engineering Education: The Simulation Lab and

Remote Lab[J]. Computer Applications in Engineering Education,2009,17(1):108-118.

[8] [10]National Universities Commission. Benchmark Minimum Academic Standards for Undergraduates Programmes in Nigerian Universities[R]. Abuja:National Universities Commission,2008.

[9] Council for Regulatory of Engineering in Nigeria. Benchmark Minimum Academic Standards[R]. Abuja: Council for Regulatory of Engineering in Nigeria,2014.

[11] Deboer J,Haney C,Atiq S Z,et al. Hands-on Engagement Online:Using a Randomised Control Trial to Estimate the Impact of an At-home Lab Kit on Student Attitudes and Achievement in a MOOC[J]. European Journal of Engineering Education,2019,44(1-2):234-252.

[12] Cheng K W E,Chan C L. Remote Hardware Controlled Experiment Virtual Laboratory for Undergraduate Teaching in Power Electronics[J]. Education Sciences,2019,9(3):222.

Challenges and Innovations in Online Engineering Education:
Online Laboratories and Digital Platforms

Funso Falade,Shen Jinlu

Abstract:The proliferation of communication and internet technologies in the 21st century has made the expansion of online engineering education possible. The pandemic of coronavirus requires engineering educators worldwide to immediately redesign curricula to instruct,support,and motivate students in new distance learning environments. This paper introduces the realistic challenges in online engineering education in Nigeria such as insufficient funding and infrastructure,lack of preparedness of faculty and students to face online teaching and learning,and provides an outlook on the future development of online laboratories and their digital management platforms,and further collaboration in engineering education between China and Africa.

Key Words:Online Engineering Education;Online Laboratories;Digital Platforms

Enhancement and Cultivation Path of Graduates' Grassroots Social Governance Capacity: Based on an Investigation of Social Practice of Graduates in Zhejiang University

研究生基层社会治理能力提升与培养路径
——基于浙江大学研究生社会实践的调研分析

|姚　晨|　|吕正则|

【摘　要】　我国正处于由研究生教育大国向研究生教育强国奋进的关键节点,特别是在后疫情时期,中国制度优势的进一步发挥和国际国内形势的加速变化对研究生基层社会治理能力提出了新要求。大学作为社会治理体系中的重要子系统和人才供给侧改革的主动改革方,通过沉浸式基层社会实践活动的规划设计,提升研究生基层社会治理能力,为基层储备和输送高素质高水平人才,在社会治理现代化进程中发挥应有作用并作出新贡献。以浙江大学研究生基层社会实践活动为例,总结研究生基层社会治理能力提升的实践经验,构建研究生基层社会治理能力提升路径,并提出相应对策建议。

【关键词】　研究生社会实践;基层社会治理能力;浙江大学调研

作者简介:姚晨,浙江大学公共管理学院党委副书记,讲师。

吕正则,浙江大学公共管理学院团委副书记、辅导员,博士。

一、加强和创新社会治理要求提升研究生基层社会治理能力

自党的十八届三中全会首次正式提出"创新社会治理体制"科学命题后，"社会治理"的概念取代了"社会管理"的概念，意味着社会建设从传统的以公共权力部门为主进行管理变化到多元主体围绕国家和社会事务平等参与、协商互动，形成合作式治理格局。[1][2]其后，党的十八届五中全会提出"推进社会治理精细化，构建全民共建共享的社会治理格局"的战略部署，2019年中央政法工作会议提出"社会治理现代化"命题，十九届四中全会提出"社会治理共同体"新论断，为未来我国社会领域的改革创新描绘了蓝图。党的十九届五中全会将建设高质量教育体系作为加强和创新社会治理中的重要环节，作为人才培养的关键主体和社会治理体系中的重要参与主体，突破束缚、创新思维，助力社会治理能力提升是高等教育义不容辞的责任。

基层社会治理能力与国家治理体系和治理能力的现代化息息相关，是各个治理主体合理配置和有效使用治理资源，以及协调基层社会关系、解决基层社会问题、化解基层社会矛盾的重要能力。[3][4][5]本次新冠肺炎疫情防控工作中，各治理主体反应迅速，取得系列成效，但同时，基层社会治理仍面临治理主体单一、组织松散、技术应用不足、专业化程度较低等挑战，对基层干部提出更新治理理念、创新治理方式、全方位提升治理能力的新要求。[6][7][8]社会治理现代化趋势下，要求打破基层社会治理传统的线性思维，提高价值塑造能力、系统思考能力、组织协同能力；研究生群体作为高层次人才，应主动寻求科研实践能力、全球治理能力的提升；而疫情的持续影响和信息化发展的趋势下，对发展应急管理能力和数字治理能力提

出了更高的要求。[9][10][11][12][13]

我国正处于由研究生教育大国向研究生教育强国奋进的关键节点，习近平总书记在2020年7月第一次研究生教育会议中作出重要指示，强调研究生教育在培养创新人才、提高创新能力、服务经济社会发展、推进国家治理体系和治理能力现代化方面具有重要作用。高校的研究生培养已从"以教为主"逐渐转变为"以学为主"，强调研究生在参与式、体验式、探索式学习过程中亲自思考、亲自实践。[14]浙江大学开展以挂职锻炼为主要形式的研究生社会实践模式，着力通过社会实践提升研究生基层社会治理能力，面向后疫情时代做好准备和积累。通过让学生开展基层挂职活动，助力学生提升基层社会治理能力，以形成良好发展成效与成熟经验模式。本文聚焦我国研究生培养，探析浙江大学研究生社会实践的发展改革经验，提出研究生基层社会治理能力提升的发展路径及对策建议，以期为我国研究生基层社会治理能力提升提供借鉴。

二、研究生基层社会治理能力提升探索与实践

表1展示了C9高校2017—2019届不同学历层次毕业生党政机关就业比例情况。由表中可知，C9高校各年硕士生党政机关就业人数占硕士生总就业人数比例（以下简称硕士生占比）普遍高于本科生和博士生占比。对比分析C9高校研究生党政机关就业比例可以发现：北京大学各年硕士生、博士生占比均保持在C9高校最高水平；复旦大学、中国科学技术大学硕士生占比均逐届上升，博士生占比均先升后降；浙江大学和哈尔滨工业大学的硕博士占比均逐年上升，且浙江大学上升相对较快。本文以浙江大学为例，探析浙江大学研究生社会实践如何提

表 1 C9 高校 2017—2019 届分学历毕业生党政机关就业比例情况对比

学校	党政机关就业人数占总就业人数比例/%			本科生党政机关就业人数占本科生总人数比例/%			硕士生党政机关就业人数占硕士生总就业人数比例/%			博士生党政机关就业人数占博士生总就业人数比例/%		
	2019 年	2018 年	2017 年	2019 年	2018 年	2017 年	2019 年	2018 年	2017 年	2019 年	2018 年	2017 年
清华大学	10.2	11.5	10.4	7.8	5.9	11.6	11.7	13.0	10.6	7.6	9.9	9.8
北京大学	17.1	20.6	20.6	26.8	14.9	24.8	20.8	34.1	22.5	7.1	15.0	13.6
浙江大学	7.4	6.3	4.2	4.4	5.8	3.8	9.9	7.6	4.8	3.9	3.2	2.7
南京大学	6.6	8.8	9.3	4.1	7.3	6.9	13.4	9.8	10.8	3.7	6.5	6.4
复旦大学	5.8	5.6	5.2	5.4	5.3	6.4	7.2	6.7	5.8	2.3	2.9	2.3
上海交通大学	3.8	3.5	2.9	5.7	3.7	3.6	3.6	3.8	2.7	2.9	2.4	3.2
西安交通大学	4.6	4.1	4.7	4.3	3.4	3.1	5.4	5.0	5.9	1.6	1.4	1.5
中国科学技术大学	4.2	3.7	2.8	1.6	2.3	1.1	4.7	3.7	3.0	4.1	4.4	3.4
哈尔滨工业大学	3.3	1.6	1.0	3.2	1.4	1.1	3.5	1.7	0.9	2.4	1.2	0.9

来源:依据 C9 高校 2017—2019 届毕业生就业质量报告整理。

升研究生基层社会实践能力,助力研究生党政机关就业比例的提升。

1996 年,浙江大学在全国率先建立以挂职锻炼为主要形式的研究生社会实践模式,2005 年将社会实践作为选修课程列入研究生培养方案,进一步通过课程推进社会实践环节建设。2015 年起,浙江大学全面实施博士生必修环节社会实践。此后,研究生社会实践工作秉持"以基地为主,多种实践形式并行"的原则,以战略性人才资源培育和储备为目标,不断强化社会实践"社会性、服务性和教育性"的育人理念,有效引导研究生主动服务国家战略需求,积极践行人类命运共同体理念,提升研究生社会治理能力。表 2 展示了 2015—2019 年各年度浙江大学研究生社会实践成效。

表 2 2015—2019 年浙江大学研究生社会实践成效统计

年份	选派研究生数量/人	博士生数量/占总选派人数比例/人(%)	调研报告数量/篇	产品开发/项	专题报告/场	合作项目/项
2015	700	525(75.0)	574	74	246	17
2016	1292	1134(87.8)	463	94	185	—

年份	选派研究生数量/人	博士生数量/占总选派人数比例/人（%）	调研报告数量/篇	产品开发/项	专题报告/场	合作项目/项
2017	858	719(83.8)	490	39	115	16
2018	804	641(79.7)	966	111	111	109
2019	1285	1090(84.8)	340	21	88	38

来源：依据浙江大学2015—2019年研究生社会实践数据整理。

综合分析面向研究生基层社会治理能力的七个关键方面，结合浙江大学社会实践的基础和经验，分析、提炼和总结研究生基层社会治理能力提升的实践经验如下。

（一）提升价值塑造能力

社会治理需要正确的价值引领，要求各主体凝聚目标共识注重价值塑造和价值认同，促进社会形成治理共识。就研究生教育而言，立德树人是根本任务，价值塑造应贯穿于研究生实践的全过程。[15][16]

浙江大学各研究生社会实践团以理想信念为精神之"钙"，把握重大时间节点、立足当地红色事迹、结合社会热点话题，开展了重温入党誓词、合唱爱国歌曲、临时党支部座谈会、参观烈士纪念馆等一系列思想引领类活动，引导实践团团员做理想信念的坚定信仰者和忠实实践者，扎根基层，奋斗作为，做伟大中国梦的见证者和实践者，增强"四个意识"，坚定"四个自信"，凝聚奋进力量。

（二）提升系统思考能力

社会治理可视为一个复杂环境中开放的工作系统，国内国际双循环发展新格局的构建要求打破线性思维，培养系统思考能力，学会从整体性、结构性的视角看到事物之间的联系。[17]

浙江大学研究生社会实践团依据学生不同的学科背景与实践意愿进行部门选择与匹配，提供了各县区多个机关单位岗位的实践锻炼机会。团员深入机关部门一线工作，多层次、多领域了解城市及县域政策，全程参与"办文、办会、办事"工作环节，"沉浸式"学习政府及相关事业单位如何将社会治理工作职能具体化，如何发现实际问题、系统分析问题并通过多部门协作解决问题。学生在实践单位的指导下，深度参与机关各项事务，积极熟悉基层工作运转流程，发挥专业所长解决实际问题，在岗位锻炼中提高社会责任感、提升系统思考与解决复杂问题的能力。

（三）提升组织协同能力

组织是社会治理中的基本要素之一，社会治理中将组织协同能力视为调节组织内部横纵向部门之间、外部与各社会主体之间利益关系的能力，要求政府打破画地为牢的狭隘观念，密切关注国际国内市场发展情况，在沟通协调中分享更多资源，实现优势互补。[18][19]

结合研究生培养，既要求通过社会实践团做好团队内建，也要求具备与政府部门工作人员、调研访谈对象、媒体工作人员等的有效沟通能力。随着互联网技术深入社会发展的方方面面，非正式的传播媒体形成了社会治理过程中不能忽视的社会组织形式。各实践团团员一方面协作开展清廉文化宣讲会、使命担当主题分享会、校友课堂等活动，丰富团队实践过程、增强团队凝聚力，另一方面发挥特长，以推出实践生活 Vlog、创作以实践生活为主题的团歌、开设"实践感悟谈"专题等丰富的宣传形式全方位展示实践团团员风采，积极利用微信、微博、抖音等新媒体平台和各级传统媒体进行宣传，加强对外沟通。各实践团还协作通过专题报告形式扩大宣传效果，从表 2 中数据可以发现，2015—2019 年间，专题报告场次从 88 场逐年上升至 246 场，宣传覆盖面提升显著，也从侧面反映了组织协同能力的提升成效。

（四）提升科研实践能力

研究生教育肩负着高层次人才培养和创新创造的重要使命，实践性是研究生教育现代化的最显著特征，推动研究生教育走向现代化要求开展基于研究的实践活动[20][21]。

浙江大学立足第一课堂，开设社会调查与科技服务等公共选修课程和研究生社会实践导论、社会调查方法与报告撰写等行前培训课程，夯实通识知识和实践素能。来自全校不同学院的实践团成员具有多样化学科背景的重要特征，实践团充分发挥学科专业交叉的优势，立足当地特色优势，依托实践单位工作内容进行调研，进行文本分析、数据采集、特征提取、报告及论文撰写等工作，将基层实践与科研工作有机结合。2015—2019 年间，浙江大学各研究生社会实践团共形成调研考察报告 2883 篇，基层实践期间形成的多篇调研报告和考察报告被挂职县区的区级各宣传部门或实践单位录用发表。实践团成员们利用已掌握的专业基础知识和研究方法等，向实践单位输出科研成果、提供有益参考，并在实践中切实提升科研能力。

（五）提升全球治理能力

不断变化的国内外形势要求基层社会治理能力不能仅囿于眼前的一村一县，应从"共建共治共享"的新理念出发，具备全球视野，这就要求在研究生社会实践活动中扩充一部分国际实践内容，以满足提升全球治理能力的需要。[22]

2018 年起，浙江大学推进多项国际实践专项计划，满足研究生多元发展实践需求。实施"致远"海外社会实践计划，赴"一带一路"沿线国家的中资企业、政府机构、研究机构等开展深层次社会实践，树立全球化思维，参与国际化竞争；开展"人类命运共同体"青年交流实践计划，赴"金砖国家"进行实践教育，深入中资企业、著名高校开展实地参访和研讨交流；探索"经纬"国际组织实践计划，培养和输送有志向参与全球治理的优秀人才，开展 3～6 个月实习实践，提升国际视野和全球治理能力。以 2019 年第二期"致远"计划为例，浙江大学支持 7 支海外社会实践团队 59 名研究生分赴阿联酋、巴西、塞尔维亚、印度尼西亚、柬埔寨、埃及、泰国、印度等"一带一路"沿线重要节点国家，聚焦行业前沿，进行课题研究、项目操作、文化交流，被新华社、人民网等权威媒体深入报道。通过跨年级、跨学科、跨地域、跨国界、跨文化的学习环境创造，进一步支持引导研究生走向国际舞台，树立和践行"人类命运共同体"理念，在实践历练中涵育家国情怀、世界胸怀和人类关怀。

（六）提升应急管理能力

应急管理是指政府及其他公共机构在突发事件的事前预防、事发应对、事中处置和善后恢复过程中，通过建立必要的应对机制，采用制度化、程序化的应急管理方法与措施，减少人员伤亡，降低财产损失，控制破坏程度，以尽可能快的速度和小的代价终止紧急状态，恢复到正常状态，以保障公众生命、健康和财产安全，促进社会和谐健康发展的有关活动。[23][24]此次新冠肺炎疫情防控是一次危机,也是对我国治理体系和能力的一次大考验,对基层社会治理能力提出了新要求。

2020年度研究生基层社会实践活动增设一部分综合办公类、卫生健康类机关部门作为校院级基地,引导实践学生了解和认识突发事件发生时各部门人员的应对方式。频繁的公共突发事件要求基层干部扬弃传统的单一化、"套路化"的工作模式,以大数据、平台化、短平快的工作模式予以代替,提高基层的组织化程度,保持持续学习新兴事物的精神,尤其在疫情防控中要以"常规预防和突发应急并举"的理念提升应急管理能力素养。

(七)提升数字治理能力

本次疫情防控过程中,互联网信息技术、人工智能技术、大数据分析技术等新兴技术手段的应用成效得到充分检验,各类"智能＋"场景应用推动社会治理体系中各个领域环节的数字化、智能化转型,这要求基层干部学会运用各类信息技术手段优化基层社会治理过程,促进基层社会治理向精细化治理、动态治理、主动治理转型。[25][26]

2016年浙江大学研究生社会实践管理系统成功投入使用,学生、指导老师以及管理员的所有操作流程都从线下搬至线上,做到了以信息技术支撑社会实践教育的过程管理和动态跟踪。在信息类基地实践过程中,学生通过专家访谈、近距离工作观察等,了解各类技术在实际场景中的应用。尤其在疫情防控常态化形势下,认识到如何实现医保、市民卡、电子健康证等事项电子化、信息化办公来满足日常生活便利需要,并通过项目参与深入了解县域医共体建设,体会数字治理的高标准和高追求在现代化治理体系建设中的重要性,从完整性、关联性、及时性、准确性和重复性

等维度规范数字治理,提升研究生自身数字治理能力。

浙江大学研究生社会实践通过实践实习帮助学生对基层社会治理形成直观、具体的认识,并通过沉浸式的实践模式提升学生基层社会治理能力。同时,从实践团成员不断向全校各院系辐射,吸引各院系学生关注到基层实践活动及选调生的职业,对选调生输送比例提升发挥了正面效应。

三、研究生基层社会治理能力提升路径探析

研究生基层社会治理能力提升路径,指高校通过协调影响研究生基层社会治理能力的各类资源,使其合理发挥作用,形成提升研究生基层社会治理能力的路径。在加强和创新社会治理的新形势下,高校作为研究生人才供给侧的主动改革方,需深化高校人才培养模式改革,积极寻求与政府部门单位合作,做好架构设计与过程管理,有效实现研究生基层社会治理能力提升。本文聚焦研究生的基层社会实践活动,从主体维度、制度维度和运行维度提出提升研究生基层社会治理能力的具体路径(如图1所示)。

(一)主体维度:搭建系统组织架构

一是建立分层联络的组织架构。现代化的治理活动是多个主体联合实施的活动,联合各主体的规则会直接影响各主体行为的意愿和素质的发挥,对治理活动的效率和效果产生重要影响。为保障社会实践工作安全高效运行,学校社会实践管理部门建立学校—院系—实践地政府部门,辅导员—学生—家长,实践团负责老师—导师组—学生等分层联络组织架构,并建立定期联系制度。引导学生团队内部自主进行团队建设方案讨论、职级任务划分,提升研究生的组

织协同能力,形成高校管理者—高校社会实践联络老师—实践地政府部门带教导师—社会实践团团长—社会实践学员的分层联络制。

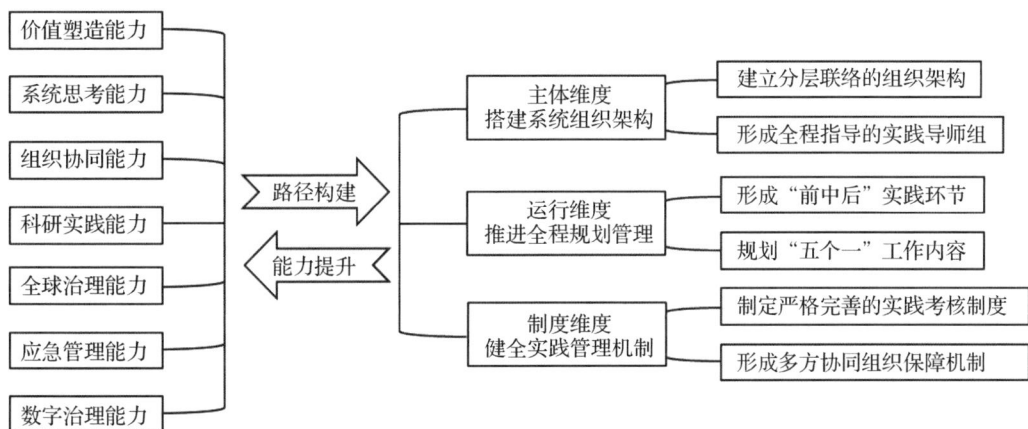

图1　研究生基层社会治理能力提升路径

二是形成全程指导的实践导师组。研究生社会治理能力的培养是一项系统工程,研究生学科背景多样、学习能力较强,对指导团队的人员构成和指导方式方法提出更高要求。实践指导团队的构成包括高校思政师资、专业教师、校外政府部门导师等,在实践过程中全程介入社会治理能力培养。辅导员、院系行政工作人员等以课程、讲座等形式丰富研究生思政教育,实现家国情怀和职业规划意识的双重引导;高校在社会实践前期进行选拔时,面向政府部门工作的综合性、专业性要求,结合学生的专业背景和未来职业规划进行实践岗位和实践导师匹配;同时匹配专业导师就专业与社会治理结合的相关趋势进行前期专门授课,在实践过程中实时监督学生社会实践进展情况并提出针对性建议,帮助学生提升科研实践能力。

(二)运行维度:推进全程规划管理

一是形成"前中后"实践环节。相较于传统管理能力对过程管理的倚重,现代管理能力同时强调结果管理和准入管理。高校管理者在进行研究生基层社会实践方案制定时,在着眼于实践活动进行时段之外,以全方位全过程培养提升研究生社会实践能力为目标,对实践环节进行全程设计和管理。实践活动前期,明确系列课程、讲座、会议,宣讲实践内容及相关要求,制订个人实习计划,要求学员参加统一组织的集中培训和岗位专业培训;实践活动开展阶段,与实践团队导师、实践团学员进行密切联系,及时发现并解决实践活动中可能出现的问题;将信息反馈环节贯穿于实践前、中、后期,由实践团队内部定期开展小结活动,并依托学校社会实践信息化系统开展中期总结与检查。

二是规划"五个一"工作内容。"沉浸式"体验方式时间跨度长、参与程度深,能够在短期内实现研究生社会治理能力的加速提升。研究生基层社会实践活动的规划设计充分利用学生寒暑假优势,以体验式、全流程跟进的形式,为学生提供深入一线部门,接触真实社会的机会。"五个一"工作法是基层社会实践活动中发展出的适宜于"沉浸式"体验方式的实践指导方法。高校社会实践活动设计者以"走访一批基层青年、收集一批青年心声、结成一批联系对子、开展一系列宣讲活动、做好一项课题研究"的"五个一"团队工作法指导研究生开展社会实践活动,引导研究生充分利用当地资源,借助实践锻炼平台,主动开展访谈调研、宣讲发声活动,不仅实现自身社会治理能力的提升,也为实践所在地输出有益成果。

(三)制度维度:健全实践管理机制

一是制定严格完善的实践考核制度。考核评估是保障社会实践活动有效性的重要手段。国家将推进国家治理体系和治理能力现代化作为全面深化改革的总目标之一,"沉浸式"基层社会实践作为高校参与社会治理、为社会治理提供高素质储备人才的新形式,通过多主体、多维度的考核评价体系实现高效评估。对于学员的评价,结合个人自评、团队互评、挂职单位同事评价、实践团队导师评价等各种评价来源,团队整体表现、个人实践贡献等各个评价维度,小结、中期评价、总结评价等各次时间节点,文稿质量数量、办会次数、调研报告质量等各类实践成果,形成客观全面的实践评价。同时由学员对实践整体方案流程、实践基地及导师选择、实践课程及活动设置等方面进行整体评价,收集具体反馈意见,以及时进行查漏补缺,实现实践活动水平的不断完善提高。

二是形成多方协同的组织保障机制。社会实践的组织开展工作要求高校管理者从保障学生安全、提升人才培养质量角度出发,联合校内各组织部门力量、沟通校外政府部门资源,进行精细化设计。校外实习实践学生活动相对分散,基层县域往往与学校所在城市不同,实习前期学生并不熟悉当地情况,对安全保障这一社会实践保障环节中的首要任务提出更高要求。校级或各院系作为基层社会实践活动的牵头部门,做好与基层机关部门的提前对接工作,对当地情况、学生上下班路线、食宿情况等做到心中有数;校内安保部门牵头做好安全培训工

作、防护物资准备及发放工作;基层机关部门做好对挂职学生情况的定期反馈工作。

四、研究生基层社会治理能力提升的相关对策建议

(一)加强顶层设计,搭建实践平台

顶层体系设计是构建研究生基层社会治理能力提升路径的必要条件,最根本的即是实现制度规则与人才培养要求的深度互嵌。面对研究基层社会实践活动规模上升的现实情境和研究生基层社会治理能力提升的迫切需求,政府部门应充分发挥"引导者""监督者""调节者"职能,进行实地调研与专家研讨,建立大学生基层实习实践制度,为研究生参加基层实习实践提供政策支持。牵头建立高校与基层政府机关的交流平台,解决校地之间可能存在的对研究生治理能力提升的需求"信息不对称"问题;适当提供社会实践奖助资金,对具有示范效应的高校和基层社会实践基地予以表彰,促进校、地、师、生各方利益主体的共同提升。

(二)统筹各方资源,构建组织体系

高等学校既是社会治理现代化中的重要参与主体,也是研究生基层社会实践活动的主要管理者。高等学校管理者应将研究生基层社会治理能力提升作为研究生人才培养的重要环节,应在研究生课程体系设计中纳入社会调查类、治理理论类等通识课程,邀请基层政府机关工作人员、往届社会实践成绩优异学生、选调生校友等以讲座课、沙龙课形式进行分享,并在校内官网、官微等新媒体渠道上进行选调生事迹分享、往届实践活动回顾等,营造研究生基层社会实践活动的支持环境。提前帮助联系政府部门工作人员作为实践导师,实践过程中以"一对一"带教模式提升学生社会实践活动

质量;建立一批实践导师库,对基层社会实践活动的必要流程、评价考核环节进行规范化制度设计,结合信息化手段,保障实践活动的高效开展。

(三)推进全程规划,健全管理机制

研究生基层社会实践活动中,学生离校时间长、接触基层工作深,所对接基层部门的需求各有不同,这就要求充分激发校内各组织部门的潜在协同效能,有针对性地细化实践方案。社会实践活动的具体校、院级管理部门应建立健全严格的执行制度,保证实践各个环节决策科学、分工明确、职责清晰、权责统一。应建立社会实践团队信息库,做好实践团队导师组、学生、家长等人员信息的记录整理工作;联合校内安保部门做好安全培训工作,尤其在疫情防控期间,应提前为实践学员筹备防护物资,强化学生的自我防护意识;做好行前培训工作,完善考评细则,做到以实践活动推动研究生基层社会治理能力的真正提升。

参考文献

[1] 朱新武,王明标.共建共治共享的社会治理格局:理论阐释与体系构建[J].新疆大学学报(哲学·人文社会科学版),2018,46(6):19-25.

[2] 周红云.全民共建共享的社会治理格局:理论基础与概念框架[J].经济社会体制比较,2016(2):123-132.

[3] 丁元竹.推进社会治理现代化的基本思路[J].北京师范大学学报(社会科学版),2016(2):108-117.

[4] [9] [20] 甘晖.基于大学治理能力现代化的大学治理体系构建[J].高等教育研究,2015,36(7):36-41.

[5] 薛澜,张帆,武沐瑶.国家治理体系与治理能力研究:回顾与前瞻[J].公共管理学报,2015,12(3):1-12,155.

[6] [10] [25] 周万春,孙晶.基层政府社会治理能力提升面临的挑战与对策[J].智库时代,2018,153(37):9-10.

[7] 严方豪,彭伟.当前基层社会治理体系与治理能力现代化之理性审视[J].法制与社会,2018(31):121-122.

[8] 梁华林.基层领导干部应提升社会治理能力[J].中共山西省委党校学报,2014,37(6):31-33.

[11] [15] [18] 郑志龙,侯帅.县级政府社会治理能力的测量模型建构[J].中国行政管理,2020(8):33-38.

[12] [16] 李文彬,陈晓运.政府治理能力现代化的评估框架[J].中国行政管理,2015(5):23-28.

[13] [17] [19] [22] 郭蕊,麻宝斌.全球化时代地方政府治理能力分析[J].长白学刊,2009(4):67-70.

[14] 汪世荣,褚宸舸.面向基层社会治理 培养高素质法科研究生的探索[J].人民法治,2019(20):70-73.

[21] 郭月兰,汪霞.研究生教育现代化的中国维度:内涵、特征与走向[J].研究生教育研究,2019(6):21-25,34.

[23] 郭济.建设完整规范的政府应急管理框架[J].中国行政管理,2005(4):26-28.

[24] 姚国章.典型国家突发公共事件应急管理体系及其借鉴[J].南京审计学院学报,2006(2):5-10.

[26] 赵杨,曹文航.人工智能技术在新冠病毒疫情防控中的应用与思考[J].信息资源管理学报,2020,10(6):20-27,37.

Enhancement and Cultivation Path of Graduates' Grassroots Social Governance Capacity: Based on an Investigation of Social Practice of Graduates in Zhejiang University

Yao Chen, Lyu Zhengze

Abstract: China is at a critical juncture progressing from a major nation of graduate education to a powerful nation of graduate education; especially in the post-epidemic period, China's institutional advantages and the accelerated changes in international and domestic situations have put forward new requirements for the grassroots social governance capacity of graduate students. As an important subsystem of social governance system and the active reformer of talent supply side reform, university improves the grassroots social governance capacity of graduate students, reserves high-quality personnel for the grassroots, plays its due role and makes new contributions in the process of social governance modernization with the planning and design of immersive grassroots social practice. Taking the social practice of graduate students in Zhejiang University as an example, the paper summarizes the practical experience of graduate students' grassroots social governance capacity improvement, constructs the path of graduate students' grassroots social governance capacity improvement, and puts forward corresponding counter measures and suggestions.

Key Words: Graduate Social Practice; Grassroots Social Governance Capacity; Investigation on Zhejiang University

An Exploration on the Interdisciplinary Talent Cultivation of Civil Engineering and Mechanical Engineering

土木与机械交叉融合的复合型人才培养模式探索①

|邓岳保| |郑荣跃|

【摘　要】　在新一轮科技革命的浪潮下,我国工程教育正面临着新的挑战及机遇。社会各行各业对技术和管理人才的需求呈现出多类型、多层次的需求态势,这就要求高等院校培养创新型复合型人才。围绕土木工程与机械工程两大专业开展的交叉融合培养模式探索正是对这一需求的响应。首先从当前国内外形势和研究现状出发,围绕人才培养和专业建设进行广泛和深入调研。在此基础之上,从创新型人才培养需求分析、培养目标确定、毕业要求制定、课程体系完善、教学团队打造、学科交叉研究平台搭建、持续改进机制建设和达成评价方法研究八个方面,探讨土木与机械交叉融合的复合型人才培养新模式。另外还从不同方面反思了交叉融合复合型人才培养的价值。研究成果可供本科院校新工科建设参考,也可为地方高校"双一流"建设提供支撑。

【关键词】　土木工程;机械工程;交叉融合;复合型人才

①本文系宁波市教育科学规划重点课题"土木与机械交叉融合的复合型人才培养模式探索与实践"(2019YZD003)、浙江省高等教育十三五第一批教学改革研究项目"专业认证背景下土木工程专业实验实践教学改革探索"(jg201821)的研究成果。

作者简介:邓岳保,博士,副教授,宁波大学土木工程系副主任,主要从事岩土工程研究和土木工程教学管理工作。
　　　　　郑荣跃,博士,教授,宁波大学土木与环境工程学院院长,从事土木工程研究和土木工程教学管理工作。

目前我国基础设施建设依然迅猛。"十四五"规划中市政基础设施、公路、高速铁路、地铁、城际轨道交通等投资超 20 万亿元,加之已建大量工程维护、管养等,建设规模之大、人才需求之迫切均是空前的。土木工程专业学生就业数量和就业率多年来一直名列前茅,但细致调研后发现存在一些问题,例如行业亟需的毕业生缺口增大,企业招聘满意度下降等。究其原因,传统土木工程人才培养模式已不能完全适应现代工程技术的需要,也不符合人才培养随社会需求变化而变化的规律。[1]

当前,世界范围内新一轮科技革命和产业变革正在加速演进。为主动应对当前形势变化,支撑服务创新驱动发展、助力"中国制造 2025"等国家战略,教育部于 2017 年 2 月开始积极推进新工科建设,先后形成"复旦共识""天大行动"和"北京指南",发布了《关于开展新工科研究与实践的通知》,探索形成领跑全球工程教育的中国模式,推动高等教育强国建设。[2]教育部在实施高等学校创新能力提升计划(2011 计划)中要求高校要打破传统思维方式,转变创新理念,以学科交叉融合为基础,加快知识技术转化速度,促进多学科资源紧密结合,支撑国家和社会的发展。[3]天津大学新工科教育中心对我国首批新工科建设项目进行了整体分析,指出未来新工科建设仍应重视多元化人才培养模式研究,由此推进新工科建设持续高质量发展。[4]另外,我国经济、社会和科技发展等方面存在的问题错综复杂,往往不是某一学科能单独解决的。因此,各行各业对技术和管理人才的需求呈现出多类型、多层次的需求态势。

如果没有现代化工程机械以及机械化施工技术的有力支持,土木工程建设的现代化也就无法实现。土木工程作为典型的传统工科专业,为应对科技的快速发展和行业需求的变化,尤其需要改变教育理念,优化教学内容,改进管理模式,探索和实践新的教学模式和教学方法,以培养具有创新实践能力和适应时代需求的专业型人才。在这样的背景下,土木工程专业如何利用学科群资源优势探索"土木工程＋机械工程"交叉融合的复合型工程人才培养模式,对于综合性院校创新性人才培养、服务地方经济发展等,均具有重要的现实意义和实际价值。

一、国内外研究现状

国内方面,浙江大学根据当前和未来社会科技发展趋势,结合新工科建设设想,以学科交叉融合为特色,提出"机器人＋人工智能"(工科＋工科)、"金融＋数学"(社科＋理科)和"计算机＋大数据"(工科＋理科)等三种方案。[5]同济大学以重构建筑生产体系为背景,将土木工程、机械工程、材料工程、工程管理和法学等优势学科进行深度交叉融合,如 2018 年申报的"智能建造"专业已得到批复,成为新增的新工科专业。[6]另外,同济大学土木工程专业尝试探索土木工程与法学的复合人才培养模式;机械工程专业在研究生培养方案中提出,确立完整的机械工程师所需的知识链和知识结构,包括复合型和学科交叉的知识体系。[7]成都大学设立了"材料与工程科学交叉学科研究中心",以机械学院和土建学院为主要依托单位,着力促进力学、机械、土木和环境工程等学科交叉融合发展。由中国建筑业协会深基础与地下空间工程分会、中国工程机械学会桩工机械分会及中国土木工程学会土力学及岩土工程分会联合主办的深基础工程发展论坛(AFDF)紧扣行业发展方向,注重土木与机械的深度融合,规模逐年攀升。

国际上于 2017 年举办了第一届土木与机械工程国际会议,至今已举办两届会议;该会议的举办在一定程度上彰显了土木与机械的共通性。卡内基梅隆大学设立了横跨化学工程、机械工程、土木工程等领域的"工程设计研究中心"。[8]斯坦福大学工程学院提出，一旦有学生要求设立土木与机械交叉融合专业，该学院将给予支持；该校计算机科学专业在人才培养理念中指出，大力推进跨学科专业建设和协同育人机制改革，深化以学生为中心的通专融合的课程体系建设。[9]英国曼彻斯特大学的机械、航空航天和土木工程学院融合了机械、航空航天、土木工程三种大类专业于一体。

国内外高校在学科交叉融合上的探索，给相关研究提供了理论和实践基础，增强了土木与机械交叉融合培养的可能性。需要指出的是，当前的学科交叉融合发展还停留在初级阶段，实质性的更深入的交叉融合还有待进一步研究。

二、新型人才培养模式探索

总体思路如下：分析当前及未来土建行业对人才的需求，制定专门的人才培养目标；在此基础上，修订毕业要求，完善课程体系；在软、硬件方面，建立学科交叉融合的教师队伍和实体研究平台；另外，开展机制建设，不断完善土木与机械工程交叉融合的复合型人才培养模式。

（一）调研和预测人才需求

从两方面来预测国家和地方未来土建行业对具有机械制造和自动化等专业背景的工程科技人才的需求：一是研究国家发展战略及相关产业发展规划，如《中国制造2025》《制造业人才发展规划指南》等；二是研究和预测新技术和新产业发展的前沿领域和未来趋势，如智慧建筑、现代交通运输等。[10][11][12]当前，我国土建行业发展迅猛的同时，也面临巨大挑战，这对土木技术人员提出了非常高的要求。目前土建市场对具有土木与机械能力的复合型人才需求越来

越强烈。以宁波市为例：浙江省围海集团提出了提升海洋工程装备的战略；宁波市轨道交通集团有限公司围绕盾构施工机械、轨道减震降噪设备、软土场地加固机械等方面提出了科研及人才需求。另外，宁波市政集团的道路铺装机械和检修机械，浙东建材集团的装配式构建机械和连接件等都需要人才。上述企业均为宁波基础设施建设的骨干企业，均需要有土木工程行业背景、兼备机械工程知识和能力的专业技术人才。

例如，浙江某岩土工程有限公司，其主营业务为地基与基础工程施工、建筑工程施工、市政和港口工程施工等。公司在2020年最新招聘中急需机械研发工程师，其职位描述如下：1）负责企业内外部的机械需求调研；2）负责国内外岩土工程机械前沿技术的深度调查与引进；3）负责完成机械改造升级方案的设计，并与内外部资源密切联系，达成技术改造目标；4）负责机械工程的技术研发课题各阶段，从概念到结题工作，并与内外部资源密切联系，达成研发目标；5）负责理论分析、试验分析过程的基础数据采集、整理、分析、存档、汇报；6）负责机械类改造与研发项目相关的知识产权保护工作。

（二）制定培养目标

在传统的土木工程人才培养目标基础之上，主动布局、设置和建设服务国家战略、满足地方产业需求、面向未来发展的工程专业，培养造就具有创新创业能力、动态适应能力、高素质的交叉复合型土木工程科技人才。[13][14][15]新型的交叉融合复合型人才培养目标如下：本专业培养适应社会主义现代化建设和地方社会经济发展需要，德、智、体、美全面发展，具有良好的人文情怀、科学素养、社会责任感和职业道德，掌握扎实的土木工程基础理论和专业知识，具备初步的机械设计、制造、自动化基础知识与应用能

力,具有较强的工程实践能力、持续提升能力和创新意识,具有一定国际视野的复合型、创新型人才;能在房屋建筑、道路桥梁、水利港口等领域从事设计、开发、管理工作,尤其是在土木工程机械研发及应用方面具有综合能力强、专业面广等优势。

(三)修订毕业要求

为了实现上述复合型人才培养目标,在新工科建设和专业评估(认证)背景下,对本科四年的毕业要求进行系统修订。修订点主要包括:在毕业要求的"工程知识"部分,明确机械工程基础知识和专业知识;在"设计开发(解决)方案"中,应具有针对土木工程中存在的问题或技术研发需求,开展土木行业机械研发,突破传统技术,提升装备水平,增强企业创新能力和竞争力;在"使用现代工具"中,增加初步具备机械领域的软件应用能力,包括绘图、计算和设计软件等;在"团队协作与沟通"中,能够正确理解土木工程与机械专业之间的关系,具有良好的与机械工程专业人员沟通与交流的能力。

(四)完善课程体系

在已有的土木工程课程体系基础上,在专业教育平台中增设机械类选修课,如图1所示。在大一和大二阶段,引导学生选修土木与机械通用的课程;在大三和大四阶段,鼓励同学选修机械类选修课程。在实践和毕设环节,增加土木与机械的交叉融合度。在实践课程环节,增加与机械方面相关的实习,如参观土木工程机械装备的设计、研发和应用;毕业设计(论文)环节,在教师制定毕设任务时,要求体现两个专业的交叉融合,实现学生综合能力和素质的培养。另外,增设"学科交叉综合训练"课程。该课程面向高年级学生,开设时间可连续两学期,采取项目参与为主,案例研讨和课堂讲授为辅的教学方式,课程的核心在于选择具备土木+机械学科交叉的案例进行设计。另外,当时机成熟时,在土木工程一级学科下增设土木机械交叉融合的专业模块(图2),并制定更为周详的培养方案和课程体系。

图 1 课程体系

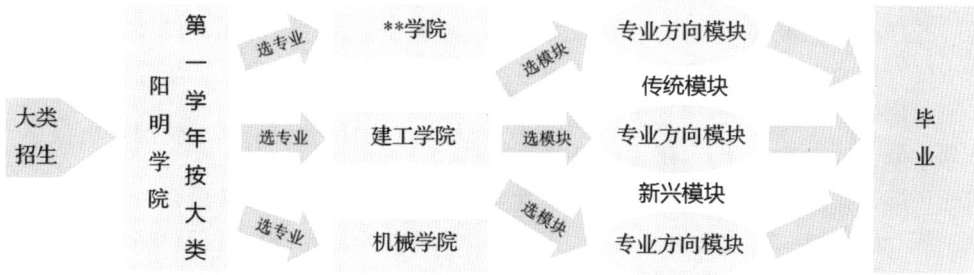

图 2　本科培养流程

(五)建立学科交叉的教学团队

在学校和学院的支持下,联合土木工程专业与机械工程专业,搭建交叉融合教学管理小组和教学研讨小组,共同制定培养目标,完善毕业要求,把关课程增设,探讨教学方法和管理办法。共同开设跨学科课程,实施跨学科联合教学实践,探索面向复杂工程问题的课程模式,推进跨学科合作学习。积极参与由教育部高教司推动、企业支持的产学合作协同育人项目的申报,主动与相关企业联系,充分利用企业的资源和条件,完善实践教育教学条件、建设学科交叉的校外实践基地。鼓励学生跨学科组队选修交叉融合课程,成员可包含土木工程、机械工程等专业的本科及研究生;将选择了土木机械课程的学生分为若干组,每个小组指派一位专业教师负责,并与相关交叉学科的教师共同指导学生的课程设计、实验实践环节和毕业设计等。

(六)搭建学科交叉的研究平台

在已有的院系实体模式上,由相关联的学科交叉融合,建立跨学科专业的综合实验室和联合科研组织,增强学科间的合作氛围,搭建学术平台,申报跨学科的专业及科研项目,推动学科交叉融合科研项目的开展。新型研究平台将依托已有平台开展建设,包括土木工程国家级实验教学示范中心、土木工程国家级虚拟仿真实验中心、滨海轨道交通及地下空间技术研究中心和滨海城市轨道交通协同创新中心等。值得一提的是,滨海轨道交通及地下空间研究中心整合了土木、机械和力学学科的教学科研团队,正在开展重大项目研究,这为土木机械交叉融合的实施提供了良好的硬件基础和学科交叉氛围。

学科交叉平台的搭建应以需求为导向。例如,在地铁建设呈井喷式发展的过程中,城市空间的布局调整,密集中心区施工环境的复杂化成为日益棘手的问题。由于城市地下空间十分有限,道路两侧及道路之下各类建构筑物、地下管线、地铁隧道等密集分布,地下空间属于一种稀缺资源;滨海城市地基土性软弱、强度低、压缩量高、含水率高,这种地层内进行隧道的施工难度高、安全性差、对周围环境影响大。因此,传统"开膛破肚"式的大拆大建将一去不复返,取而代之的将是精准控制、悄然穿越的精细化施工装备。对此,要尽可能采用环境影响小,空间占用少,施工安全性高的技术,研发制造适合滨海软土地层施工的盾构设备,包括盾构主机、渣土改良系统、驱动系统、拼装系统、管片运输设备、注浆系统、油脂系统、电气系统等。此外,随着城市地下空间的发展,地下管廊、海绵城市等地下空间的开发工程也在快速地发展。以地下综合管廊为例,主管廊的旁出是亟待解决的重大难题,

33

而机械法通道技术无疑是解决此类问题的良药。开展机械法联络通道工法的开发和应用不仅对推动行业发展，提升地下空间开发技术有推动意义，同时将拥有极强的推广前景和生命力。在此背景下，研发一套符合联络通道施工需求的掘进机装备，包括刀盘切削系统、动力系统、半自动拼装机等，并形成一套满足施工要求的施工控制参数指标，具有重要的意义。上述科技研发需要，无疑都需要土木工程与机械工程等专业的通力合作，构建多学科交叉的研究平台。

（七）建设持续改进机制

首先，针对交叉融合的新型人才培养模块，建立育人过程质量监控机制，各主要培养环节有明确的质量要求，定期开展课程体系设置和课程质量评价。建立毕业要求达成情况评价机制，定期开展毕业要求达成情况评价。其次，建立管理规章制度。为强化过程管理，根据新工科建设要求和当前专业认证标准，出台交叉融合的管理办法和工作细则，如：《土木与机械交叉融合培养方案》《土木与机械工程课程增设办法》等。另外，建立毕业生跟踪反馈机制和社会评价机制。一方面，通过校友会建设分会联络校友，收集校友反馈信息，并将其作为新型人才培养目标修订、课程体系调整和课程教学改革的重要依据；建立面向毕业生的人才培养问卷调查机制：线上建立各毕业班联络群，线下通过座谈交流、专业沙龙等形式邀请毕业生回访母校并提供反馈。另一方面，执行机构为省教育评估院，调查高校毕业生职业发展状况（包括就业去向、薪资水平、升学率、创业率等）以及毕业生对高校人才培养的满意度调查（包括教师、课堂教学、实践教学、就业服务等）。邀请企业到校内宣讲、院系负责人走访企业、召开人才培养座谈会等。向用人单位发放人才培养问卷调查表。调查结果作为交叉融合人才培养目标合理性评

价的依据。通过上述措施，建立调研－改进－调研的人才培养闭环，不断完善土木与机械交叉融合的新型人才培养模式。

（八）培养目标达成情况跟踪

针对新兴的交叉融合人才培养模式，对人才培养结果进行密切跟踪，制定相应的专业培养目标达成评价办法。该培养目标达成度评价的主要依据包括：课程及其他各教学环节的指标点达成评估、毕业设计（论文）及专业实践教学环节综合评估、毕业要求各项达成结果评估、用人单位及毕业生反馈信息等。信息采集周期为每年一次，即每年请毕业5年左右的学生对培养目标的达成度进行评价。由于培养目标是4年一次修订，因此培养目标达成度评价周期为4年一次；对集中反馈的问题，可以提前评价与修订。评价时，通过函调、网络和座谈的形式对毕业5年左右的学生进行培养目标达成度调查，再通过用人单位、招聘单位等以函调、网络和座谈的形式对培养目标达成度调查，再经由全体专业教师、专业建设指导委员会、学院专业指导委员会讨论，确定评价意见。评价流程如下：专业启动人才培养方案修订，部署专业人才培养方案修订；召开培养目标达成评价工作会议，确定工作内容、负责人、截止时间；进行毕业生、用人单位对各专业培养目标的达成度调查；专业指导委员会对培养目标达成度评价形成初步意见并提交学院；学院组织院教学工作委员会对培养目标达成度评价进行审核。最后，结合培养目标达成度评价意见，各专业指导委员会对本专业的培养目标修订提出建议，为下一轮培养目标的制定提供依据。

三、主要认识与相关建议

1. 当前多学科交叉融合的理念已逐渐被接受。但是，针对土木与机械的交叉融合

人才培养模式还缺乏细致研究。从学科发展的逻辑来看，传统学科随着深度和广度的不断发展，达到一定阶段会出现瓶颈效应，迫使科研工作者将眼光放大转移到与其相关的其他学科，从中借鉴有益的理论和方法，找到新的突破口，促使新型学科涌现。另外，随着科学技术的研究越来越深，要实现创造性突破的成果，基本上都要横跨多个学科领域。本文提出土木与机械交叉融合培养模式，顺应当今高等教育发展趋势，即弱化专业界限、强化学科间交叉融合。

2. 从前期调研结果看，我国基础设施建设对具有土木专业背景、不同学科交叉融合的毕业生需求越来越强烈。作为我国 5 个计划单列市之一，宁波市当前制造业急需转型升级，也急需高素质复合型人才，以助其完成技术攻关，而高校作为人才培养的主要阵地，培养具有创新精神和实践能力的复合型人才自然成为其核心任务之一。目前，交叉学科的成果归属具有不确定性。虽然教育部允许将交叉学科获得的成果在学科评估中按份额上报到多个学科，但是由于各院系之间因自我保护意识而产生壁垒，各个院系都希望自己对口负责的学科能够获得最佳评估结果，这就导致本院系发表的交叉学科成果难以归并到其他相关学科，从而降低了高校各院系合作发展交叉学科的积极性。由此，亟需本地高校进行改革，理清各院系间交叉学科的对应关系，为科研及管理工作人员提供决策支持，以促进相关人才的培养与供给。

3. 学科交叉融合是新工科建设中一项十分复杂却又十分紧迫的工作。从数量上来看，我国已经是工程教育大国，但从质量上来看，我国的工程教育与发达国家相比仍存在明显的差距，如毕业生学用脱节、毕业设计质量不高、人才难求是当下工业界面临的主要问题。新工科建设面向当前科技创新飞速发展带来的深刻变革，着眼于培养适应时代发展和市场所需的工程技术人才，这将有助于我国实现从工程教育大国到工程教育强国的转变。高校根据新技术和新经济的发展趋势，设计、更新面向土木与机械学科交叉融合的课程体系和教学内容，拓展学生的知识面，培养学生的创新意识，使其具有广阔的视野和开展创新活动的知识架构等。土木与机械的交叉融合将对新工科建设具有重要的指导价值，在高等教育其他学科专业领域当前和未来发展进程中具有典型性和代表性。新工科背景下人才培养模式探索与实践，可供更广泛的多学科交叉融合发展参考。

4. 对人才培养的促进作用。首先，学生的成长成才环境得以改善。通过教学资源共享，包括共享师资力量、课程体系、实验设施、实践基地等等，学生可以获得的教学资源、科研资源更为充裕，其学习训练得以在更广阔和丰厚的资源保障体系下进行，各种学习体验更加深入实际。其次，教育实践方式多样。通过课程和毕业实践教学改革等，使本科人才培养机制更为灵活高效，学生可获得更自主的选择权和更丰富的资源量，通过有序竞争、有效协作的机制创新，引导学生更为理性高效地学习成长。另外，利用探究式的知识教授方式、参与式的科研学习训练，营造围绕问题协同解决的综合体验环境氛围，使学生的学习在一个全真的实践环境中感受真实，效果逼真，大大提高学生的社会适应能力。此外，机械工程与土木工程学生形成校内互动，各专业课形成校际交流和沟通；这种交流和沟通越频繁，越能形成良性互动。最后，问题导向科研立项机制不仅深受老师的欢迎，也被学生积极肯定，大大提升了相关专业学生科研申报的积极性和申报质量。近年来，通过参与科研实践，学生多次获得国家级、省部级科研项目。毕业生方面，通过全方位人才培养，毕业生得到社会广泛认可。

四、总结

土木与机械交叉融合的复合型人才培养,顺应当前高等教育的发展趋势,契合当前国家新工科建设理念,有助于构建新型学科。国内外已有部分高校在新工科建设方面进行了一定的探索,但当前的学科交叉还停留在初级阶段,实质性的更深入的交叉融合还有待进一步探索。通过行业调研发现,目前我国急需有土木工程行业背景、兼备机械工程知识和能力的复合型创新型人才。由此,从人才需求、培养目标、毕业要求、课程体系、教学团队、学科交叉研究平台、持续改进机制和达成评价方法等方面,本文探讨了新型交叉人才培养模式,研究成果可供本科院校新工况建设参考,也可为“双一流”建设提供支撑。

参考文献

[1] 刘镇,周翠英.多学科交叉渗透的复合型土木工程人才培养模式探索[J].高等建筑教育,2014,23(2):12-15.

[2] 郑庆华.新工科建设内涵解析及实践探索[J].高等工程教育研究,2020(2):25-30.

[3] 周珂,赵志毅,李虹.“学科交叉、产教融合”工程能力培养模式探索[J].高等工程教育研究,2019(3):33-39.

[4] 刘坤,代玉,张志金,等.首批新工科研究与实践项目指南达成度评价及未来发展研判[J].高等工程教育研究,2021(1):31-38.

[5] 陆国栋.“新工科”建设的五个突破与初步探索[J].中国大学教学,2017(5):38-41.

[6] 闫长斌,杨建中,梁岩.新工科建设背景下工程意识与工匠精神的培养——以土木工程类专业为例[J].北京航空航天大学学报(社会科学版),2019,32(6).

[7] 张氢,秦仙蓉,管彤贤,等.同济大学全日制机械工程专业硕士研究生校企联合培养的实践[A].邹晓东.科教发展评论[C].杭州:浙江大学出版社,2017:65-71.

[8] 汤先营.兼容并蓄培养“新工科”人才[EB/OL].http://epaper.gmw.cn/gmrb/html/2017-04/03/nw.D110000gmrb_20170403_3-05.htm.2017-04-03.

[9] 郤海霞,赵折折.人工智能时代新工科人才培养质量提升路径探析——以斯坦福大学计算机科学专业为例[A].张炜.科教发展评论[C].杭州:浙江大学出版社,2020:13-25.

[10] 林健.多学科交叉融合的新生工科专业建设[J].高等工程教育研究,2018(1):32-45.

[11] 覃亚伟,孙峻,余群舟,等.新工科理念下工程管理专业教学改革研究[J].高等建筑教育,2019,28(5):1-7.

[12] 张雄,刘斯凤,杨正宏.面向“中国制造2025”的土木工程材料专业人才培养模式的探索与实践[J].实验室研究与探索,2018,37(3):268-271.

[13] 武鹤,孙绪杰,魏建军.面向新工科的土木工程专业改造升级路径探索与实践[J].高等建筑教育,2018,27(6):12-16.

[14] 武鹤,杨扬,孙绪杰,等.工程教育认证背景下土木工程专业人才培养模式研究与实践[J].高等建筑教育,2019,28(1):35-41.

[15] 杨坪,王沐晨,孙振平,等.“土木工程＋材料工程”复合型人才培养模式探索[J].教育教学论坛,2017(9):196-197.

An Exploration on the Interdisciplinary Talent Cultivation of Civil Engineering and Mechanical Engineering

Deng Yuebao, Zheng Rongyue

Abstract: In the context of a new round of scientific and technological revolution, engineering education in China is facing new challenges and opportunities. The demand for technical and managerial talents from various industries has shown a multi-type and multi-level trend, which requires higher education institutions to cultivate innovative inter-disciplinary talents. An exploration of the cross-integration training mode around the two majors of civil engineering and mechanical engineering is exactly a response to this demand. First of all, based on the current situation at home and abroad and the status of research, extensive and in-depth investigations around talent training and professional construction are carried out. On this basis, a new mode of cross-integration cultivation of civil and mechanical talents is explored from eight aspects: analysis on the needs of innovative talents training, training goals determination, graduation requirements formulation, curriculum system improvement, teaching team building, disciplinary research platform construction, continuous improvement mechanism construction, and evaluation methods research. In addition, it also reflects on the value of cross-integrated compound talent training from different aspects. The research results can be used as a reference for the construction of new engineering education for undergraduate institutions, and can also provide support for the "double first-class" construction of local universities.

Key Words: Civil Engineering; Mechanical Engineering; Cross-Integration; Compound Talent

Research on Virtual-Real Integration Engineeing Experiment and Its Effect on University Students' Creativity

虚实融合工程实验及其对大学生创造力的影响研究[①]

|陆吉健| |李家妍| |赵　鹏| |罗天任|

【摘　要】 在全球性挑战愈演愈烈的 21 世纪,创造力逐渐成为卓越人才应对挑战所必须具备的能力。虚实融合工程试验可在一定程度上更好地激发创造力。虽然在实验教学中虚拟现实技术已有较多应用,但在工程实验上的应用还比较少见。其教学模式的设计探索是该技术在工程实验中落地的迫切所在。本研究依托团队所开发的物理保险丝熔断虚实融合工程实验,开展其对大学生创造力的影响研究,并结合由 100 多位杭州师范大学师范生参与的虚实融合工程实验情境设计,给出该模式实践路径的展望。

【关键词】 虚实融合;实验创造力;全球性挑战

2020 年,教育部办公厅在关于印发《未来技术学院建设指南(试行)》通知的建设原则中指出,应当坚持学生中心,激发学生的好奇心,鼓励学生主动发现问题、深入思考问题、大胆提出设想,充分发挥创造力和想象力。让学生充分发挥自己的创造力这一目标,对当下的教育研究者和教师来说都是严峻的考验。

①本文系国家自然科学基金面上项目(编号:62077041)子课题、浙江虚拟仿真实验教学项目(编号:2019(5)-264)、浙江省新苗人才计划项目(编号:2020R427068),以及杭州师范大学本创项目的研究成果。

作者简介:陆吉健,杭州师范大学经亨颐教师教育(荣誉)学院讲师,北京师范大学和墨尔本大学联合培养教育学博士。

　　李家妍、赵鹏,杭州师范大学经亨颐教师教育(荣誉)学院本科生。

　　罗天任,通信作者,杭州师范大学阿里巴巴商学院软件工程专业研究生。

教育部指出：近年来，国家以提高学生实践能力和创新精神为核心，以现代信息技术为依托，积极建设虚拟仿真实验教学一流课程，着力提高实验教学质量和实践育人水平，并在疫情期间的在线教学工作中发挥了重要的支撑作用。由此可见，国家对虚实融合实验进入学校高度重视，而在后疫情时代，虚实融合工程实验的发展面临着更大的挑战。

一、虚实融合工程实验的特点和挑战

当下，科技发展日新月异，人工智能、虚拟现实等已逐步广泛进入大众的视野，虚实融合工程实验具备任何传统实验所不具备的特点，而其多感知性、交互性、自主性等特点能为实验者带来更好的体验感受，与此同时激发其创造力。实验者本身在完成既定实验计划的同时，又可以让自己的各方面能力得到提升，达到双赢的效果。因此，虚实融合工程实验所具备的诸多优越性为其发展奠定了良好的基础，而其对于个体创造力的培养和提升所带来的效果和能效也预示了其未来光明的发展前景。

西北师范大学教育技术学院院长郭绍青在《中国教育报》中指出："我们也要在疫情期间思考哪些内容能发挥当前技术的作用，'互联网＋教育'的理念在于，如何把班级教学、教师教学、在线教学融为一体，形成虚实融合的教学新模式，这个发展方向是一定会走下去的。"

由此可见，疫情视角下，全球命运休戚与共，各个领域亟需优秀人才解决各类空前绝后的难题。因此，虚实融合教学模式的应用和发展被更快地提上了日程。当下，全球处于疫情防控模式的大背景，更需要教育来培养具有创造力的核心人才，以应对全球挑战。因此，工程教育系统理应进行一定的改变、创新和突破。然而，虚实融合工程试验器材所需要的前期投入的研究、虚实融合设备的成本、配套部件的稳定性等，会在一定程度上制约其落地和发展的速度和进程。由此可见，虚实融合工程实验发展和逐步进入课堂等的过程还面临着许多挑战，仍有许多问题亟待解决。

二、当下学生创造力水平现状

我们不得不注意传统教学模式所存在的诸多弊端。我国中小学教学长期所采用的教学模式就是"老师教，学生学"，对于学生而言，更多的是被动的"输入"，学生很少有机会展示自己的思考和思维力度，尤其无法发挥创造力对一名学生学习和成长所起到的关键性作用。但若要将知识完全掌握，必不可少的是主动的"输出"过程。如何输出、向谁输出、输出途径等都是亟待解决的问题。

不难发现，当下实验教学模式缺少了学习过程中极为重要的一种输出过程——动手。实验教学中，教师更多的是注重学生对于某一知识的掌握情况，也就是对于"已输入"知识的掌握度和熟练度，却忽视了学生的"输出"情况，即学生的主动性、创造性。但若是学生只有统一性和机械性而缺乏灵活性和多样性，若是教师只强调共性的问题而忽视个性的问题，便会引发许多问题：学生的学习偏重于机械的记忆、浅层的理解和死板的套用，学生会逐渐丧失举一反三、灵活运用的能力以及主动思考、动手实践的积极性，甚至可能因此引发学生创造力逐渐降低甚至消失的悲剧。学生会过分依赖老师的教导而非自己的探索。此类能力或许对学生当下的成绩没有过多的影响，但对学生未来学习发展之路会有着无可替代的作用，因为创造力对于一个人而言有着举足轻重的作用。从该类模式中，我们不难发现动手能力对于学生掌握知识的重要性，并且其可被视为创造力培养中至关重要的一环，可以被看作创造力培养的基础和关键。所谓动手能力,不仅是指学生的实验操作能力和技巧,在动手操作之前,独立思考和创新过程也是必不可少的。因此,在实验过程中,学生的动手能力逐步得到提升,其创造性思维和能力也会在潜移默化间逐渐被培养起来。

此类传统学习模式或许会让学生对实验学习丧失一定的积极性,"被迫输入式"实验学习模式会让学生觉得有些枯燥乏味,因为其失去了自己在错误和正确中徘徊的经历以及亲自动手实验操作的过程体会,学生很难体会到真正靠自己的能力掌握知识所能带来的成就感,也很难将自己在书本上所学到的知识应用到实践当中去,由此,学生会逐渐丧失自己的创造力。而从当下大学生的创造力水平来看,在中小学期间受"应试"的教育模式"禁锢"导致了步入大学后较难从中小学教学模式的"被迫式"转为"创新式"的学习模式,因此,许多大学生在创造性思维以及创造力等方面有着较大的欠缺与不足,这是当下教育必须高度重视并且积极解决的问题。

科技日益发展的大背景、国际形势催生的挑战等促使着社会各界尽力培养具有创造力的综合性人才。2020 年,一场疫情席卷了全球,我们面临着更多、更大的挑战,但它也加快了培养具有创造力的核心人才的步伐。

三、虚实融合研究现状

教育部提出适应经济社会快速发展对人才培养的新要求、现代大学生成长的新特点、信息化时代教育教学的新规律,组建专门专家组织围绕虚拟仿真实验教学开展研究,不断加大虚拟仿真实验教学研究力度,以支撑高等教育教学质量全面提高。相关部门积极开展宣传工作,引导高校建设实验教学一流课程,加强优质资源应用,支持科学研究成果转化为虚拟仿真实验教学课程,将虚拟仿真实验教学情况纳入相关评价体系中,从而形成专业布局合理、教学效果优良、开放共享有效的高等教育信息化实验教学新体系。

基于互联网时代的大背景,科技进步日新月异,虚拟现实、人工智能等高科技迅速发展,带来的各项配套设施、配套教学等应运而生。虚实融合技术已经逐渐从日常生活的各方各面走入我们的生活。虚实融合技术走入课堂也是必不可少的一环,它丰富学生对虚实融合等方面的知识,激发其学习动力,有利于未来该领域的不断发展,也会为国家输送此方面的人才提供不竭的动力。

虽然我国在虚实融合方面有较多的政策等支持,但是放眼全球,西方等发达国家的虚实融合进展速度和应用仍在我们前列,在为我国提供示范作用的同时,也在无形之中给我国虚实融合设备的发展进度带来了一定的压力。

目前,虚实融合实验环境支持的教学应用在西方发达国家运用广泛,有助于学生对知识的认识,如 2009 年澳大利亚和新西兰合作成立的虚拟世界工作组和 2003 年美国林登实验室推出的 Second Life(SL)项目。[1][2]其中,开放式虚拟现实平台 Second Life 项目提出要探索个体在虚拟现实世界获得教育与成长的可能,学生可以采用一个"化身"投入到虚拟世界的学习当中去,其具体执行过程与角色扮演游戏有些类似。Second Life 平台在西方发达国家有极高的市场占有率,英国有 80% 的高校都在使用或准备使用,而美国已经有超过 150 所高校是典型代表。[3][4]

国内关于虚实融合学习环境支持的教学的相关研究和应用还停留在较为初始的阶段,还是以虚拟现实理论探讨为主,应用层面研究较少,教育教学效果还需进一步明确。国内的研究重心还集中在虚拟仿真校园的实现等方面[5][6],与西方国家仍有一段距离[7],也仍有较大的发展空间。2019 年,教育部印发的《关于一流本科课程建设的实施意见》提出全面开展一流本科课程建设,实施一流本科课程"双万"计划,虚拟仿真实验教学一流课程是"双万"计划中五类一流课程之一。从中也可以看出,国家层面也在极力助推这一领域的进一步发展。

四、虚实融合工程试验对创造力的效果分析

(一)传统实验教学的弊端

在实验教学实践中,某些学科的实验存在危险性较强、成本较高、实验效果不明显等问题。比如:初高中涉及的一些化学实验,实验中会用到一些强酸强碱类试剂,产生易燃易爆或刺激性气味甚至有毒的气体,这些会带来一定的安全隐患。即使是一个极为普通的实验,打碎玻璃器皿,打翻酒精灯,都有可能给学生的生命健康造成危害。因此,目前的实验教学大多会采用这样的模式:若实验有一定的安全隐患,则实验由老师完成,学生只进行观看式学习;若实验有较大的安全隐患,则不进行试验,完全靠视频演示甚至直接靠书本知识完成学习;只有在实验的安全隐患极小的情况下,学生才有机会亲手进行实验操作。而仅仅观看他人的实验操作流程并不能让学生有较好的学习体验,只有当学生进行了"沉浸式"的学习,亲手操作之后,才能更好地掌握知识,此过程也可以加深学生对知识的记忆、举一反三的能力与日后的应用能力。

(二)虚实融合工程实验对创造力的影响

虚实结合的教学模式可以更好地巩固教师的"教"和学生的"学",让学生接收到的"输入"和自我探索后的"输出"有了更多的交互性。学生在虚拟现实中融入场景、融入教学,能使学生不是置身事外的"被动接纳者",而是沉浸在整个教学环境里的"主动输出者"。"听讲"和"实践"这两者对于学生而言,学习内容平均存留率存在极大的差别。因此,将实验教学从"听讲""视听"层面提升到"实践"层面极为关键,这将对学生的知识掌握情况和主被动的学习模式的转变产生巨大的影响。

而当学生掌握课堂知识由"被动"向"主动"过渡,由"听讲"向"实践"转变,由"观摩式"学习向"沉浸式学习"递进,其创造力也会在潜移默化当中得到提升,并且此类学习模式会更利于学生今后创造力的进一步提升和对其更深层次的培养。

另外,虚实融合工程实验能弥补传统实验教学的不足并且带来诸多教学优势。传统实验教学搭配上低风险和低消耗的实验器材,拥有视觉和语音交互、扩展数字的工具,便可构成虚拟现实(VR)实验环境,而VR实验环境搭配上触摸式交互、手势交互的器材,便可向混合现实(MR)实验环境进展。由此,虚实融合工程实验环境,可以促进注意力、深刻思考能力的提升,最终促进创新水平的提升,也就是在实验中获取并掌握创造力,如图1所示。

虚实融合的实验环境拥有低风险和低消耗的优势,有助于更好地完成实验操作,并且在触摸式交互以及手势交互的硬件配合下,让实验者拥有具体的操作体验,引发对抽象概念的思考,同时,视觉和语音交互的体验可以使实验者拥有反思性的观察。由此,真实世界和虚拟世界的巧妙融合有助于实验的更好进行,也有助于实验者本身的实验操作技能提升。

首先,MR实验环境可以帮助实验操作者很好地完成实验操作,此实验操作的操作体验会像真实的实验操作一样简单易操作。其次,MR实验环境可以让实验操作者较好地发现并利用实验中所存在的虚拟现象,

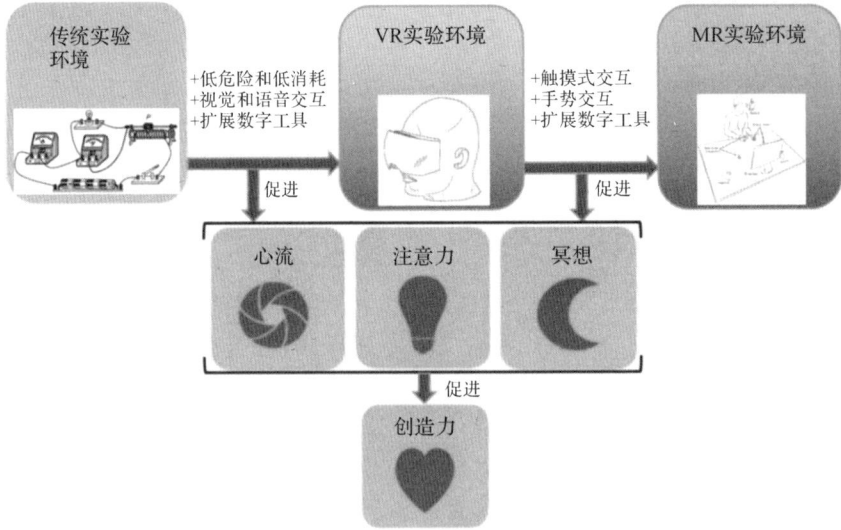

图 1 虚实融合工程实验与实践创新能力

并较好地引发实验操作者的思考和探索。真实世界与虚拟世界相结合所创造出来的虚实融合世界不仅有助于实验操作体验感的提升,同时也能在一定程度上激发实验操作者的创造力。真实世界的实验操作和虚拟世界的虚拟现象这两者可以促进实验者更好地熟悉实验操作流程,并且有助于其对实验进行更深入探索,从而提升其实践创新能力,使其更高程度地拥有创新力,如图 2 所示。

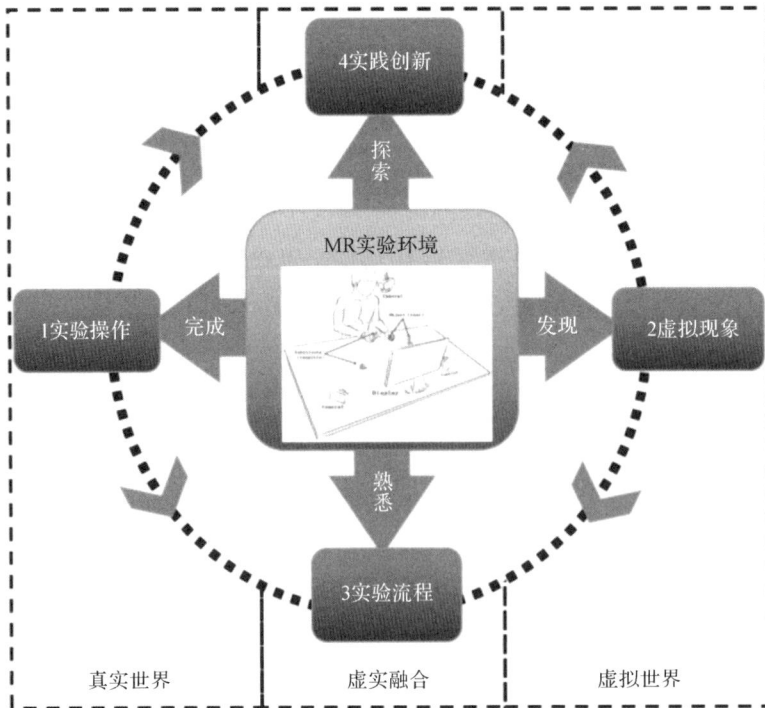

图 2 虚实融合工程实验对创造性的影响

五、虚实融合与创造力实验

(一)抽样方法和实验参与者

本研究以杭州某大学三个班共90名师范生为研究对象。参与者以自愿的形式报名招募,年龄在19到22岁之间。他们被要求接受一项挑战,创建一个关于介绍电阻丝熔断测试应用的教学设计图,来有效地为学生显示教学信息。他们不需要设计实验的具体步骤,实验会提供给他们。本研究将90名学生(48名女生和42名男生)分为3组,30名MR实验环境(实验条件1),30名VR实验环境(实验条件2),30名传统实验环境(对照条件),且本研究参考已有研究的研究设计,按照创造力前测作为主要的分组依据,适当兼顾了三组实验人员在学习成绩、性别、专业背景上的恰当分布,使得三组

实验人员在可能影响实验结果的指标方面没有显著性差异,从而进一步确保实验的严谨性与可靠性。

每个参与者都需要创建教学设计,即要完成一个开放式的挑战,设计一个关于介绍电阻丝熔断测试应用的教学设计图,时间一共10分钟。基于实验的性质,每个参与者都分别进行了实验。由于这是一个开放式的教学挑战,参与者被告知教学设计图可以是任何他们想要设计的东西,包括教学方面的、功能方面的、实用性的、用以装饰欣赏的或其他任何方面的东西。整个实验只有一个限制:设计的实验应该与实验内容相关,即使它不像原来的实验。其中,参与者所处于的VR实验环境、MR实验环境、传统实验环境是随机的。所有的参与者有3分钟的时间做这个实验,7分钟做一个教学设计,10分钟填写调查问卷,实验装置如图3所示。

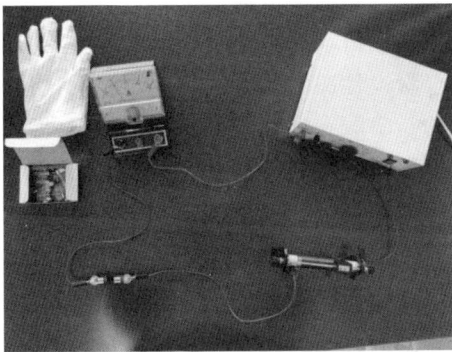

(a) 传统的实验装置

(b) VR实验装置

(c) MR实验装置

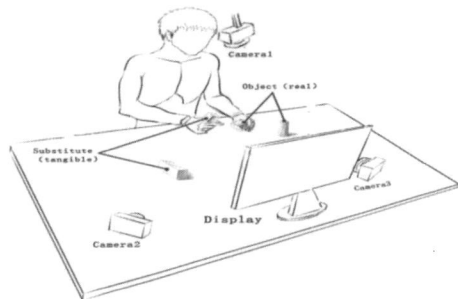

(d) MR实验操作

图3　传统实验、VR实验、MR实验装置

43

（二）三种实验环境对比

传统实验环境（控制条件）下：参与者在传统的实验条件下，采用真实的实验设置，按照语音指导完成物理实验。在完成实验后，他们被要求做一个教学设计。

在 VR 实验环境（实验条件 1）下：参与者使用沉浸式 VR 实验设置，完成物理实验的语音指导。其余的操作程序与传统条件下相同。

在 MR 实验环境（实验条件 2）下：参与者使用虚拟现实实验设置来完成物理实验，遵循语音指南。其余的操作程序与传统条件下相同。该 MR 实验环境使用 Tianren 等人研发的 Dream-Experiment 系统。[8]

实验中使用的真实装置包括三个不同尺寸的黑盒，两个位置标记和一个滑动变阻器。实际操作场景可以显示在屏幕上。通过操作者的相互作用，实验操作过程可以与实际操作环境中的实验过程完全一致。

（三）三种实验环境下的实验结果对比

实验基于同一组电路设备，让参与者处于三种不同的实验环境之下——传统实验环境、VR 实验环境、MR 实验环境，并让其对电路进行实验设计，展示其场景拓展。实验结果显示 VR 和 MR 实验模式下的实验者会比普通实验模式下的实验者所设计出来的实验设计图及其场景拓展等展现出更多的创造力，其会在电路实验的基础上更好地发挥自己的想象力，让自己的想法不仅仅停留在基础的实验层面，而是把一个较为基础的电路实验拓展到其他更多的存在一定关联但更加宏观具体的知识领域，让一个基本的"点"在更宽更广的"线条""平面"甚至"空间"中发挥其创造力和价值，让较为抽象的普通物理电路实验发挥其功用，使其能够被更好地运用于我们的日常生活甚至科学技术领域，这些是值得让一个有创造力的人去发掘和探索的。这次实验证明，在 VR 和 MR 实验环境下的实验者基于所学知识所能联想和运用的知识更多，更能达到知识点举一反三和技能的活学活用的境界。从中可见，VR 和 MR 实验环境更利于激发实验者的创造性，也利于对其创造力的培养。实验结果对于被试的创造力的评判标准，不仅仅是停留在单一的实验设计图上，并不是仅仅看设计图的复杂性等表层因素，更加重视的是隐藏在实验背后的深层因素，即创造性思维等深层素养在设计图中所展现出来的表现力、背后所暗含的设计者的初衷、想法，以及象征的创造性思维，如表 1 所示。

表 1　3 种实验模式下的实验设计对比分析

实验模式	实验设计图	分析
传统实验		传统的实验环境中有许多类似的教学设计产品，但大部分是文字设计，缺少图文结合，场景拓展的模式也比较基础和简单，在同一批实验者中所体现出的创造力较为一般。

44

实验模式	实验设计图	分析
VR 实验		VR 实验环境下的参与者比传统实验环境下的教学设计者有更丰富的想象力，但仍然缺少一定的图文结合。但在 VR 实验环境下进行操作的实验参与者，已经具备了较多传统实验环境下实验操作者所不具备的创造力，虽然其创造力的思维活力并没有完全体现出来。
MR 实验		MR 实验环境下的参与者更有创造性地将 MR 扩展到其他的诸多领域诸如航天航空。由此可见，MR 的参与者在图文结合这方面更有创造性。思维体现出的较为卓越的创造力也是传统实验模式下的实验参与者所不能企及的，并且其创造力明显优于 VR 实验环境下的实验操作者。

五、小结

国际形势和时代发展速度等因素促生了虚实融合工程试验的萌发和发展，时代对具有创新和创造力的人才的迫切需求又促使了社会各界关注对此类人才的培养。而虚实融合工程实验可以在一定程度上增加实验者的创造力，这样的人才培养模式能解决我国在创造力人才培养方面遇到的瓶颈。

但是，虚实融合工程实验器材的稳定性和价格会在一定程度上制约其落地速度。如何解决虚实融合工程实验器材落地所面临的问题，并让其尽快走入虚实融合工程实验课堂，为社会各界培养具有创造力的核心人才，需要我们进行艰苦的努力和探索。虚实融合工程实验及其对创造力的影响应当更加广泛地引起社会各界的关注，并开展重点研究。

参考文献

[1] Gregory S，Gregory B，et al. Rhetoric and Reality：Critical Perspectives on Education in a 3D Virtual World[A]. Rhetoric and Reality：Proceedings ASCILITE 2014[C]. Dunedin：NZ，2014：279-289.

[2][3][7] 黄奕宇. 虚拟现实（VR）教育应用研究综述[J]. 中国教育信息化，2018(1)：11-16.

[4] Wang H，Burton K. Second Life in Education：A Review of Publications from Its Launch to 2011[J].

British Journal of Educational Technology,2013(3):357-371.

［5］李建荣,孔素真. 虚拟现实技术在教育中的应用研究［J］. 实验室科学,2014(3):98-103.

［6］武刚,余武. 虚拟校园三维全景漫游系统探究与实现［J］. 现代教育术,2013(5):122-126.

［8］Tianren L,Mingmin Z,et al. Dream-Experiment:A MR User Interface with Natural Multi-Channel Interaction for Virtual Experiments［J］. IEEE Transactions on Visualization and Computer Graphics,2020,26(12):3524-3534.

Research on Virtual-Real Integration Engineering Experiment and Its Effect on University Students' Creativity

Lu Jijian,Li Jiayan,Zhao Peng,Luo Tianren

Abstract:In the 21st century in which global challenges are intensifying,creativity has become an essential capability for excellent talents to meet the challenges. The integration of reality and virtual reality in engineering experiments can,to a certain extent,better stimulate creativity. Although there are many applications of virtual reality technology in experimental teaching,the application of virtual reality technology in engineering experiments is still relatively rare. The design and exploration of its teaching mode are urgent for the technology to be put into practice in engineering experiments. Based on the virtual-real engineering experiment of physical fuse burn-out developed by the team,this study carries out a research on its effect on university students' creativity. Combined with the experimental situational design of the virtual-real engineering experiment involving more than 100 students in Hangzhou Normal University,the research gives an outlook on the practical path of this model.

Key Words:Virtual-Real Integration;Experimental Creativity;Global Challenge

产教融合
Industry-Education Integration

Research on Pluralistic Modes of Talent Training Based on the Integration of Industry and Education in Research University

研究型大学产教融合人才培养多元模式探索

|张丽娜| |傅慧俊| |童　嘉|

【摘　要】 产教融合是解决"人才培养供给侧"与"产业需求侧"不能完全适应的关键路径。相对于应用型大学，研究型大学具有学科体系更健全、研究领域更广泛、国际化资源更丰富、与产业界联系更紧密等优势，或成为推动产教进一步融合的突破口。因此，本研究选取了 4 个研究型大学产教融合典型案例，通过横向多案例研究，发现：基于学科属性和企业规模差异，研究型大学产教融合人才培养存在产教贯通型、教产项目型、教衍产生型及产教共演型等多元模式。本文对新时代研究型大学产教融合人才培养多元模式探索具有一定的参考价值。

【关键词】 研究型大学；产教融合；人才培养；多元模式

随着国家深入实施创新驱动发展战略，产教融合以产学合作、校企合作、产学研合作、产教一体化等多种形式开展了一系列实质性合作，如在专业建设方面，共建专业、共建实验室等；在师资建设方面，采用双导师制、引企入教等；在组织建设方面，实施集团化办学，成立产业学院等；在项目合作、人才交流、设立专项资金等方面也做了卓有成效的探索。国务院办公厅于 2017 年 12 月发布《关于深化产教融合的若干意见》，将产教

作者简介：张丽娜，浙江大学工会副主席。
　　　　　傅慧俊，浙江大学总务处副处长。
　　　　　童嘉，浙江大学工业技术转化研究院创新创业部主任。

融合正式上升为国家教育改革的重要制度安排,其中明确指出人才培养供给侧和产业需求侧在结构、质量、水平上仍不能完全适应,"两张皮"问题仍然存在。

究其根本,造成"两张皮"问题的关键在于高校产教融合人才培养存在模式"同构"现象,如部分高校完全不顾自身基础条件和服务能力,盲目跟风创建虚拟产业学院[1];无视学科属性和企业规模,一刀切地盲从个别高校的产教融合典型模式。实地调研过程中也确实发现,高校自身能力、学科属性和企业规模的不同,将会导致模式构建与实施过程的不同,进而使得人才培养模式本身难以被大规模复制推广。[2]除此之外,对研究型大学开展产教融合的实践探索分析不足,存在重职业院校、轻研究型大学的观念,陷入"认为产教融合是职业院校、应用型大学的事"的误区;产教融合的相关研究大而全,过于泛化,往往基于某一院校与某一行业的合作,或某一院校与该地区相关产业的合作,但实地调研发现,同一学科与不同规模的企业合作,会采取不同融合机制,企业在不同的产教融合模式中所体现出的角色和地位不同,即便是同一规模的企业,在应对不同属性的学科(基础或应用)时也会采取不同的合作模式。由此引发了本文基于产教融合典型项目探索研究型大学产教融合人才培养多元模式的思考。

一、研究方法与数据收集

本研究采用横向多案例研究的方法,选取4个研究型大学产教融合典型项目进行分析。相较于单个案例研究,多案例研究能够构建更坚实的理论基础,因其具有理论拓展、可重复性、对立重复以及排除其他可能解释的特点。[3][4]首先,本研究旨在回答研究型大学如何构建和运行产教融合人才培养模式的问题,属于回答"如何"问题的范畴;其次,本研究需要探究在不同学科属性和企业规模情境下研究型大学产教融合人才培养模式的设计;最后,本研究需要比较不同人才培养模式及其条件,概化出研究型大学产教融合多元模式的模型,因此多案例研究方法恰与本文研究问题相匹配。[5][6]

遵循 Glaser 和 Strauss 的建议[7],本研究采用多种来源收集数据,具体包括校企内部人员访谈、实地考察、文献资料、官网以及内部资料、年报(鉴)、公共媒体资料等,以支持构成研究中的"三角验证",保证研究信度与效度。其中,访谈数据是本研究的主要数据来源,并辅以观察数据和文件档案。具体而言,在设计案例研究草案的过程中,明确数据搜集方法和策略,并设计访谈提纲。访谈中研究者采用自上而下的顺序,主要访谈对象包括学院分管教学副院长、企业分管副总、人力资源总监、项目双方负责人等。访谈小组对多个受访者围绕同一主题进行访谈以防止受访者信息偏差,在正式访谈的基础上还进行了大量非正式访谈。访谈内容主要围绕产教合作项目设立的契机和过程、校企双方在项目中的投入情况、项目运作的具体做法与特征等展开。

二、案例选择

基于学科属性(应用学科或基础学科)和企业规模(大企业或小企业),综合考虑资料收集详实程度、领域范围、案例典型性等因素,最终选取浙江大学工程师学院与吉利集团、计算机学院与城云科技、药学院与苏州泽达兴邦医药科技有限公司,以及中国科学技术大学信息学院与科大讯飞股份有限公司这4个产教融合项目进行分析(如表1所示),通过探讨研究型大学产教融合人才培养的多元模式,探索研究型大学产教融合人才培养的不同路径,进而为实现教育系统

表 1　案例简介

项目名称	类别	领域	典型性
浙大工程师学院与吉利集团产教融合项目	应用学科—大企业	制造业	吉利代表一类有企业办学经验的企业
浙大计算机学院与城云科技有限公司产教融合项目	应用学科—小企业	大数据	城云科技代表一类依靠技术突破实现企业发展的小企业
浙大药学院与苏州泽达兴邦医药科技有限公司产教融合项目	基础学科—小企业	医药	苏州泽达兴邦是浙大的衍生企业，产教关系密切
中科大信息学院与科大讯飞股份有限公司产教融合项目	基础学科—大企业	人工智能	科大讯飞从中科大起步，后成长为行业翘楚，历史渊源颇深

与产业系统全方位融合以促进人才培养的研究提供借鉴和若干思考。

(一)浙大工程师学院与吉利集团产教融合项目

浙江大学工程师学院是高水平专业型学院，主要开展研究生层次的工程师培养和企业工程师培训，而作为汽车行业领军企业之一的吉利集团，为满足中国汽车工业及吉利集团自身发展的需要，依托其浙江汽车工程学院致力于产业人才培养。基于培养行业急需的高层次、实用型、复合型汽车技术及管理人才这一共同目标，二者从课程体系、实践体系出发，联合共建"汽车工程及其智能化"产教融合项目。

(二)浙大计算机学院与城云科技有限公司产教融合项目

浙江大学计算机学院坚持以培养求是创新、与时俱进的具有国际视野的顶尖计算机人才为使命，其计算机学科世界排名居前。城云科技是一家城市互联网公司，在平台建设和服务运营上有着丰富的实践场景，并拥有多年的技术沉淀和客户积累。该产教融合项目合作伊始是城云科技希望

通过产学合作实现企业发展重要突破方面的技术引进，完成产品研发，并在过程中招募吸引潜在的优秀员工，作为"回报"，城云科技将成为计算机学院人才培养的综合性平台之一，使学生在持续研究的同时，保持与社会广泛紧密的接触，了解产业界实际情况和产品需求，有效引导研究方向和深度。

(三)浙大药学院与苏州泽达兴邦医药科技有限公司产教融合项目

中药学是研究中药的基本理论和临床应用的学科，是中医药各专业的基础学科之一，浙江大学药学院（现代中药研究所）刘雪松教授团队在研究过程中依托浙大苏州工业技术研究院，衍生出苏州泽达兴邦医药科技有限公司。该企业成立于 2011 年，是一家非常年轻的初创型高科技企业，目标是成为国内领先的高端制药装备及信息化创新服务公司，并为我国中药产业提供系统的技术、人才支撑。作为大学衍生企业，泽达兴邦具有天然联结产业和大学的优势，注重培养具有前沿探索能力和综合实践能力的创新型人才，为企业核心竞争力的可持续发展储备人才力量。

(四)中科大信息学院与科大讯飞股份有限公司产教融合项目

中国科学技术大学信息科学技术学院，学科实力强劲，与多家企业、研究院联合成立英才班，以强化学科和产业前沿为引导，培养学生初步具备引领创新和竞争的能力。科大讯飞作为技术创新型企业，通过自主创新成为行业翘楚，其研发实力雄厚，产业覆盖面广。二者渊源颇深，合作历史悠久且密切，因科大讯飞是在中国科技大学人机语音通信实验室的基础上创立而成，中科大资产经营有限责任公司是其第三大股东，双方具有高度的信任合作基础。校企合作背景见图1。

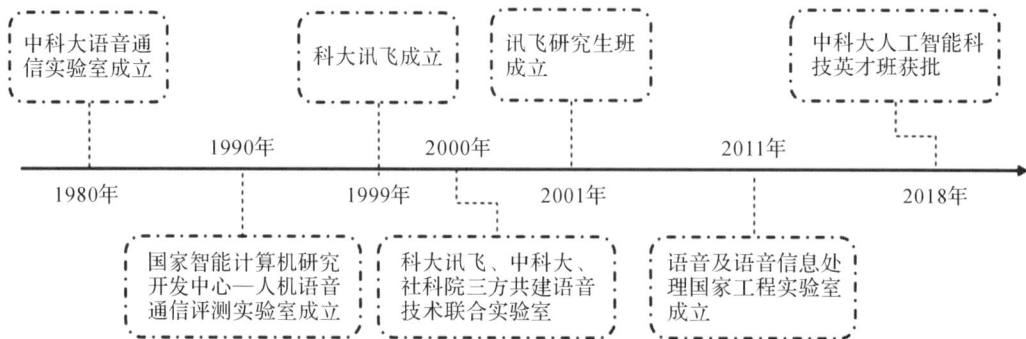

图1　校企合作背景

三、案例分析

本研究遵循 Pratt 等人的研究方法并借鉴近期文献中的使用[8]，每个阶段的数据分析都分三步进行。第一步，逐一梳理每个案例的数据和证据，用共同的陈述形成基本类别；第二步，将涌现的类别与理论概念反复匹配，并借助大量的图表挖掘潜在的理论；第三步，将涌现的理论与已有文献进行对比，最终形成结论。

(一)产教贯通型人才培养模式

产教贯通型是研究型大学的应用学科与大企业合作的产教融合人才培养模式（如图2所示）。大企业往往拥有雄厚的资金实力和较强的研发力量，在产教融合项目中具有较强的话语权，且大企业参与产教融合项目是为了实施面向未来的人才布局，这与应用学科的目标是一致的。以浙大工程师学院（应用学科）在与吉利集团（大企业）合作为例，双方以"产业链"为导向，探索以"课程"与"实践"为主的产教贯通人才培养模式。一是课程体系贯通。基于校企共同制定的人才培养标准，一方面实现从本科生到研究生课程的贯通，学生在本科阶段能选修硕士阶段的课程；另一方面，实现校内外课程的贯通，双方联合共建"学科前沿选论（动力工程技术前沿）""内燃机测试理论与技术（车辆及发动机测试技术）""产品研发中的数值模拟技术（春夏开课）"三门课程，课程教学由浙江大学教师与吉利聘请的行（企）业资深专家共同担纲，并将部分教学环节安排在工程师学院的工程中心，部分教学环节安排在吉利的研究或生产基地，开展现场实践教学；二是实践体系贯通。一方面，学生在大三获得保研资格后，进入企业实习实践一年，完成毕业论文后进入以"产业链"为导向，实施项目制培养计划的研究生阶段，依托来源于企业实践问题的研究项目，完成研究生阶

50

段任务;另一方面,在整个项目联培过程中,吉利控股集团将接纳有意愿就职的优秀研究生以吉利GM1000项目(吉利认可的1000名研究生培养计划)入职吉利控股集团。

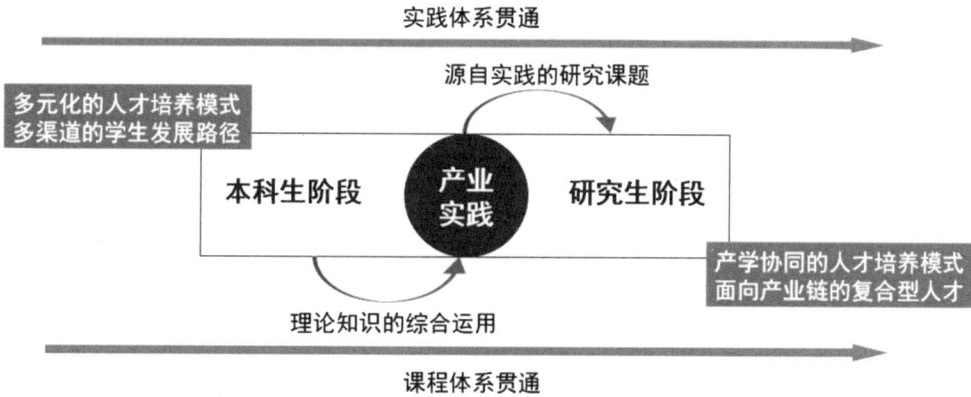

图2 产教贯通型

(二)教产项目型人才培养模式

教产项目型是研究型大学的应用学科与小企业合作的产教融合人才培养模式(如图3所示)。处于初创期或能力相对不足的小企业,其资金实力和研发能力往往较弱,其参与产教融合项目的主要目的是依托高校的研发团队来解决企业发展的关键问题,该模式实质上为大学主导型合作模式。大学凭借其技术和人才优势从事技术创新,成果成熟后以技术转让、专利授权等形式提供给需要该技术的企业特别是中小企业,实现技术从成果向市场和效益的转化。[9]以浙大计算机学院(应用学科)与城云科技(小企业)的产教融合项目为例,双方合作伊始是

城云科技希望通过产学合作实现企业发展重要突破方面的技术引进,完成产品研发,并在过程中招募吸引潜在的优秀员工。为实现技术突破,探索以项目为纽带的教产项目型人才培养模式。一是毕业设计项目。城云科技拥有大量且丰富的实践场景,一方面,指导学生从已有项目中发掘新亮点作为毕业论文选题方向;另一方面,为完成论文提供有力支持,通过企业研究院定期组织分享会、派专人对接指导,学生进企业实习、跟踪调研等形式,促进学生和企业员工(包括一线工程师、人事等)深入接触,了解并掌握真实环境和企业产业业务,实现隐性知识的传递,从而不断提升自身对未来工作角色认知和积累项目实践经验。二是联合开展项

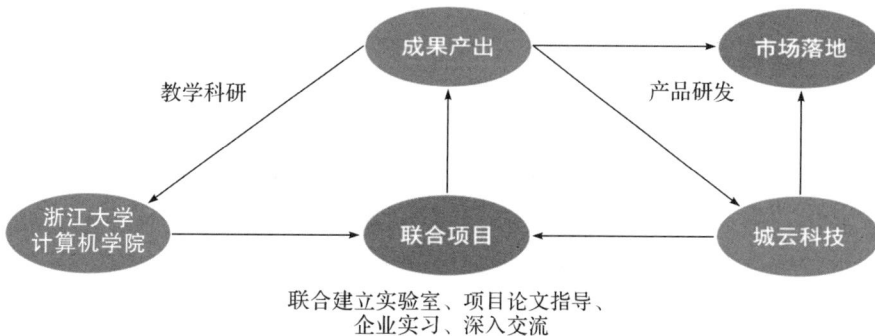

图3 教产项目型

目/课题。以海关和城市管理等业务领域的关键产品开发为核心,双方共建联合实验室,设置联合项目/课题,使学生参与了解产品从研发到落地的整个流程,一方面,学生可根据实际场景补充更新相关知识,提升综合实践能力;另一方面,通过学习研究的进一步深入,优化改进企业已有产品,实现核心技术重要突破,助力企业发展。

(三)教衍产生型人才培养模式

教衍产生型是研究型大学的基础学科与小企业合作的产教融合人才培养模式(如图4所示)。聚焦人才培养关键链条,探索依托衍生企业的教衍产生型人才培养模式。衍生企业与高校间的关系会更加亲密,相互信任。以浙大药学院与苏州泽达兴邦产教融合项目为例,因衍生企业中有5位老师既是高校研究生导师又是衍生企业核心研发与管理成员,该产教融合项目在人才培养关键环节的合作会更加流畅、自然,具体表现

在:一是选题方向把握。整合课题组资源,导师会直接将开展的产学研项目作为学生毕业论文的重要研究内容或者是未来论文答辩的重要章节,既有效匹配企业可持续发展需求,又最大程度整合资源(包括实验设备、实践平台)完成人才培养关键环节。二是培养过程企业化管理。在培养过程中,由于衍生企业壮大需要以及基础学科发展需要,学生会沉浸式地参与到大量的纵向科研项目(如国家自然科学基金和科技部重大专项)和横向科研项目(企业间的委托项目),强调行业技术领域前沿探索和持续研究能力的培养,且为维持联合培养的有效性,企业从研发视角出发,出台一些管理的措施,相当于企业化的项目制管理,让学生接触到一些实际管理,包括定期项目汇报、企业相关考核等,整体模式和实施路径与正式员工保持一致,但是在实施标准上存在一定差异。

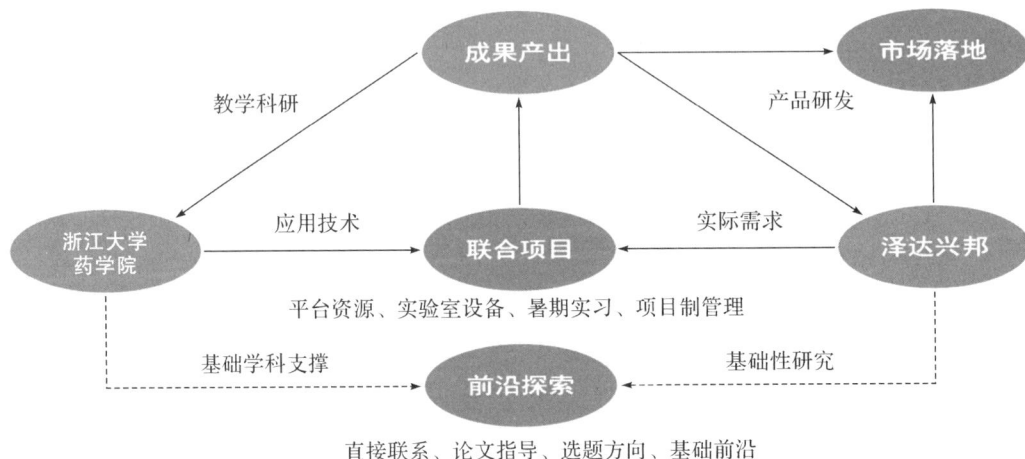

图 4 教衍产生型

(四)产教共演型人才培养模式

产教共演型是研究型大学的基础学科与大企业合作的产教融合人才培养模式(如图5所示)。产教阶段性匹配,探索从高校

"一头热"到行业引领的产教共演型人才培养模式。以中科大信息学院与科大讯飞股份有限公司产教融合项目为例,一是企业成长初期主要通过项目联培、企业实习等形式培养研究生。科大讯飞于1999年在中科大

人机语音通信实验室的基础上创立而成，2000年初被认定为国家863计划成果产业化基地，与中科大、中国社科院共建语音技术联合实验室，2001年，科大讯飞与中科大成立讯飞研究生班，企业通过提供委托项目、实习机会等形式参与人才培养。二是企业快速成长期，主要依托联合实验室开展人才培养。科大讯飞和中科大联合共建语音及语音信息处理国家工程实验室（NEL-SLIP），承担高水平研究人才（硕博士）培养，在科研方面，通过联合实验室承接的各项课题（如国家基金项目）扎实学生研究基础，为产业核心技术研发奠定基础；在实践方面，基于企业与领域前沿频繁且深入的互动，通过A.I.实践课程设计、优秀学生实习、论文联合指导、提供交流平台等多种形式丰富学生实践经验，增强前沿探索与创新能力。三是企业引领期，把握前沿需求，在科技人才培养方面提前布局，深入本科层次。结合科大讯飞对行业前沿动态和需求的把握以及中科大在基础教育方面的优势和条件，利用"类脑智能技术及应用"和"语音及语言信息处理"两个国家工程实验室在前沿科学方面的学术优势和实践条件，双方在2018年订立协议成立人工智能英才班，承担本科生的培养任务。由企业和海内外顶尖学者直接介入人才培养的各环节，基于共同制定的人才培养标准，全面实行双导师制，由中科大信息学院教学科研经验丰富的教师组成学业导师队伍，由科大讯飞具有丰富的研发实力与项目经验的资深专家组成企业导师队伍，共同指导，并在管理上采用虚实结合的方式，即生活管理仍然依靠原来班级，学业组织与管理单独进行。

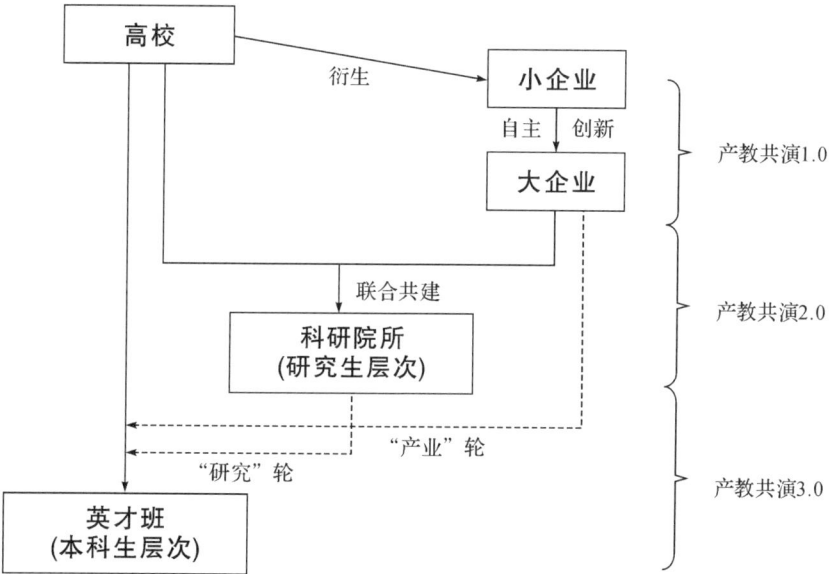

图5 产教共演型

四、结论与建议

本研究以"研究型大学产教融合人才培养多元模式"为切入点，通过文献考察和横向多案例研究等方法，总结归纳出研究型大学产教融合人才培养的四种模式（如图6所示），为研究型大学如何通过与产业界有效互动、融合促进人才培养相关研究提供借鉴和若干建议。

（一）精准定位，围绕主导目标甄选产教融合人才培养的合作伙伴

结合案例分析，不难发现，从"产"端来看，大企业因其资金充沛、产业链全，有一定的研发能力，相较小企业有更强的能动性，更广的参与范围，不论是在项目目标亦或项目举措均拥有相当程度的话语权，充分体现产业的重要主体地位。另一方面，则是"教"端，通过与基础学科的合作可以谋划面向未来、面向前沿的人才培养，而与应用学科的合作则更注重于解决实际问题，通常通过项目联合培养，实行订单式的人才培养。

因此，一是研究型大学要厘清自己参与或主导产教融合人才培养项目的目标，坚持按照人才培养发展目标选择资源互补、阶段相同的合作伙伴。二是企业应围绕自身需求与发展目标甄选合适的产教融合人才培养合作伙伴，同时不断强化其在高等学校办学和深化改革中的重要主体意识，通过建设企业大学、承担新型学徒制试点任务、1＋X证书试点任务等多种形式，深度参与产教融合人才培养过程。

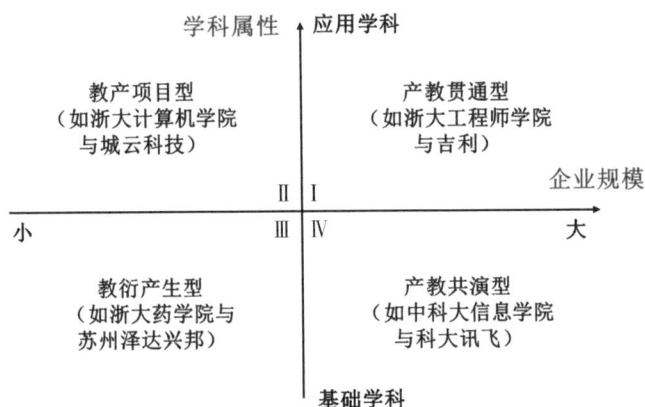

图6　研究型大学产教融合人才培养的多元模式

（二）开放融通，结合自身实际推动多层次产教融合人才培养合作

结合案例分析，为进一步促进产教融合人才培养，不论是研究型大学还是产教融合型企业，都要建立更加开放的心态，致力推动建立不同规模、不同数量、不同层次的合作网络。一是研究型大学可以和发展阶段相似、目标相同、优势资源互补的企业结成小规模、全面合作的非常紧密的合作伙伴关系，形成战略联盟；研究型大学同样可以就某一领域和企业开展合作，以师资建设为例，一方面，鼓励高校联合企业、新型研发机构、科研院所等面向前沿产业核心技术，深度推进导师双聘制，让行业专家走进校园，将最新、最及时的技术发展趋势带入一线教学中；另一方面，高校师资也可反哺行业，协同攻关关键技术问题。二是产教融合型企业可以就某一关键问题与高校的某一具体学科展开深度合作，也可基于企业整体战略与高校签订协议，从不同方面共同推进企业整体发展。总而言之，在高等教育开放与合作的时代，不论是研究型大学，还是产教融合型企业，都应该秉持更加开放的心态，转变应用型人才归高职院校培养的心理，立足区域、扎根中国、面向世界，打造多维度的合作网络。

(三)优化布局,立足产业需求打造紧密对接的主要学科群

促进产教融合人才培养,研究型大学要发挥其具有较高学术水平、较强学科综合能力的独特优势,强化学科群聚、人才群聚、资源群聚等,以打造对接产业界实际需求的产教融合人才培养学科群。一是优化"增量""存量",结合"新工科""双一流"建设背景,将产教融合作为推进"一流本科、一流专业、一流人才"建设的重要抓手,以国内重点高校、科研院所、重点产业领域的优秀企业为突破口,以国家战略需求为导向整合资源,面向未来加快推进一级学科"增量"建设工作,同时以产业转型需求为导向,鼓励传统学科"存量"转型布局。二是打造特色学科群,建立紧密对接产业链、创新链和产业转型发展的学科专业,满足区域和国家战略需要、产业转型需求、关键人才储备等,打造若干个产教融合和学科群样板。

(四)动态调整,根据所处阶段健全产教从合作逐步到融合的机制

结合案例分析,不难发现,产教融合项目的目标会随着企业发展的需求与现状、学科发展的需求与规划动态调整,分阶段逐步融合,为此我们需要:一是对标"行业标准",健全需求导向的人才培养结构调整机制。进一步完善高校毕业生就业质量年度报告发布制度,注重发挥行业组织人才需求预测、用人单位职业能力评价作用,把市场供求比例、就业质量作为学校设置调整学科专业、确定培养规模的重要依据。二是瞄准"产业需求",建立紧密对接产业链的学科专业体系。根据我国制造业的十大重点领域等战略新兴产业的发展需求,主动与企业深度合作,通过校企联合制定培养目标和培养方案、共同建设课程与开发教程、共建实验室和实习实训基地、合作开展研究等,将企业对工程人才能力与素质要求渗透到工程人才培养的每个环节。三是加大"教育研究投入",发挥科学研究的支柱作用。支持引导国家、科研院所、高校、企业等深度参与高等工程教育教学改革,加大对教育研究工作的投入,包括专业规划、教材开发、教学设计、课程设置、实习实训,促进人才培养科学性。四是适应"可持续发展",将工程教育融入终身学习。企业与高校应深入合作,联合制定课程、合作研究研发等,发挥双方各自的优势,为工程师提供终身学习机会和平台,保证其能随时接受技术、知识的更新。同时,企业与高校应重视营造终身学习的氛围,通过潜移默化的影响,提升工程师终身学习的意识。

参考文献

[1] 陈春晓,王金剑.应用型本科高校产业学院发展现状、困境与对策[J].高等工程教育研究,2020(4):131-136.

[2] 施晓秋,侯胜利,励龙昌.面向新经济的网络工程产教融合、多元协同育人模式构建与思考[J].中国大学教学,2017(9):39-44.

[3] Eisenhardt K M,Graebner M E. Theory Building from Cases:Opportunities and Challenges[J]. Academy of Management Journal,2007,50(1):25-32.

[4][5]Yiu D,Makino S. The Choice Between Joint Venture and Wholly Owned Subsidiary:An Institutional Perspective[J]. Organization Science,2002,13(6):667-683.

[6] Gummesson E. Qualitative Methods in Management Research[M]. London:Sage,2000.

[7] Glaser B,Strauss A. The Discovery of Grounded Theory[M]. London:Weidenfeld and Nicholson,1967.

[8] [9]Andriopoulos C,Lewis M W. Exploitation-Exploration Tensions and Organizational Ambidexterity: Managing Paradoxes of Innovation[J]. Organization Science,2009,20(4):696-717.

Research on Pluralistic Modes of Talent Training Based on the Integration of Industry and Education in Research University

Zhang Lina,Fu Huijun,Tong Jia

Abstract:The integration of industry and education is the key path to solve the problem that the "supply side of talent training" and the "demand side of industry" cannot fully adapt. Compared with application-oriented universities,research universities have the advantages of a more comprehensive discipline system, broader research fields, richer international resources, and closer ties with industry, etc., which may become a breakthrough to promote further integration of industry and education. Therefore,this study selects four typical cases of industry-education integration in research universities and finds,based on the differences in disciplinary attributes and enterprise scale,pluralistic modes of industry-education integration talent training in research universities, such as industry-education interpenetration type, education-industry project type, education-derivative type and industry-education co-evolution type. This paper has reference value for exploring the pluralistic modes of industry-education integration talent training in research universities in the new era.

Key Words:Research University;Industry-Education Integration;Talent Training;Pluralistic Modes

高教
管理

Higher Education
Management

A Study on the Transition of Value Orientation of Higher Education Evaluation in China：Based on the Perspective of Policy Text Analysis

我国高等教育评估价值取向的变迁研究
——基于政策文本分析的视角①

|王　娟|　|易　丽|　|王秀秀|

【摘　要】　本文运用政策文本分析的方法,通过对我国高等教育评估历程及改革开放以来颁布的相关评估政策进行梳理与分析发现,我国高等教育评估价值取向变迁呈现从工具理性转向价值理性、从关注教育外部保障条件转向关注教育内涵发展、从政府主导转向多主体参与的特征。强调"回应—协商—共识"的第四代评估将是未来高等教育评估的发展趋势和未来走向。

【关键词】　高等教育评估;价值取向;政策文本

　　改革开放 40 多年来,我国在经济、社会、文化发展等方面取得了举世瞩目的成就,高等教育在此过程中得到了显著发展,逐步从精英化阶段迈入大众化阶段。与此同时,

---

①本文系 2019 年度教育部人文社会科学研究青年基金项目"基于元评价视角的我国高等教育评估体系质量研究"
　（19YJC880084）、全国教育科学"十三五"规划 2020 年度教育部重点课题"基于核心能力的嵌入式课程评价研究"
　（DIA200352）、上海工程技术大学 2020 年度校级教学建设项目"基于质量提升的高等教育评估制度研究"
　（r202031001）的研究成果。

作者简介:王娟,上海工程技术大学高等教育研究所、工程教育发展研究中心助理研究员。
　　　　　易丽,上海工程技术大学高等教育研究所、工程教育发展研究中心副研究员。
　　　　　王秀秀,上海工程技术大学高等教育研究所、工程教育发展研究中心助理研究员。

为保障高等教育的质量与效益,高等教育评估也日益成为社会关注的焦点问题。我国高等教育评估在发展过程中取得了长足的进步,制度不断完善,教育评估组织纷纷建立,评估技术创新不断,丰富了人们对高等教育评估规律的认识。相比之下,高等教育评估的价值取向仍然为研究与实践者所质疑,影响了评估效用的发挥。本文从政策文本分析的视角,选取了自新中国成立以来尤其是改革开放以后,由国家层面颁布的教育评估政策、法规、通知、实施方案、草案等共13份,梳理分析价值取向变迁的特征与未来走向,以更好地把握评估的方向,为高等教育评估实践奠定基础。

一、为何评:从工具理性转向价值理性

不同历史时期,教育评估政策有不同的价值倾向,既有继承性又有创新性,或强调评估的工具性价值,或强调评估的多元性价值,也有强调评估的改进与质量提升功能,充分体现了教育政策的时代性、博弈性、互动性等特征。

马克斯·韦伯把社会行动中的理性分为工具理性和价值理性,前者追求实用、效率、结果,后者注重人的需求、价值,两者在本质上是合一的。高等教育质量评估的价值取向会受到社会环境和自身发展等各方面的制约,在不同历史阶段各有侧重,两者难以达到绝对的平衡。总的来说,我国高等教育评估的价值取向总体上是一定时期内国家政治、经济发展取向的体现。

(一)探索与试点阶段:关注工具理性

新中国成立初期,国家各项工作逐步进入恢复和重建阶段,整个社会一方面要保持社会稳定,一方面又处于百废待兴、谋求发展的特殊时期。此时,高等教育的主要目的在于培养国家建设所需要的人才,为社会稳定与建设服务。因此,高等教育的质量成为社会关注的问题,同时受西方高等教育质量问责和评估活动的影响,我国高等教育质量及评估也得到了社会各界的关注,开启了探索与试点评估工作。

1985年,中共中央颁布《关于教育体制改革的决定》,首次在政策层面明确提出了"评估"这一概念,这也为我国高等教育评估的开展奠定了基础。此后,我国相继出台了《关于开展高等工程教育评估研究和试点工作的通知》以及与之配套的《高等工业学校办学水平评估指标体系(草案)》《高等工业学校办学水平评估实施办法(草案)》,并着手在高等工程教育领域开展评估试点工作。随着试点评估工作的不断探索与深入,1989年12月原国家教委召开"全国高等教育评估工作会议",总结过去五年的试点评估工作,并对未来的高等教育评估工作提出了新的规划。

总的来看,这一阶段的高等教育评估目的较为单一,以服务社会发展为主要价值取向,具有明显的工具理性。

(二)制度化与规模化实施阶段:工具理性与价值理性并存

在第一阶段的探索与试点评估之后,原国家教委于1990年颁布了《普通高等学校教育评估暂行规定》,这一规定的颁布既是对前期探索与试点工作的总结与完善,也是高等教育评估制度化、规范化的起点。《暂行规定》对高等教育评估的目的、任务、评估机构和程序等都作出了明确的规定,并提出采取"合格评估、办学水平评估和选优评估"三种基本形式的评估,为后来我国开展不同形式的评估实践奠定了基础,自此我国高等教育评估开始了边实践边修正的过程。

随后,1993年颁布的《中国教育改革和发展纲要》把开展高等教育评估作为进一步

建立新的高等教育运行机制的重大措施放在更加突出的地位。[1]与此同时,我国开始了有计划有组织地实施本科教学水平评估,标志着我国高等教育评估进入以高校教学评估为主的经常化和正规化轨道。[2]1995年3月通过的《中华人民共和国教育法》第24条明确了由国家对学校及其他教育机构进行评估的规定,由此确立了评估制度在我国教育管理体制中的合法地位。1998年颁布的《中华人民共和国高等教育法》再次明确,高校的办学水平受教育行政部门的监督和评估。至此,高等教育评估制度的法律地位得到了完全确认和保障。依据这一阶段颁布的法律法规,我国高等教育相继开展了合格评估(1994年)、优秀评估(1996年)和随机性评估(1999年),取得了一定的评估成效和丰富的评估经验。

1999年,我国开始实施"高校扩招"政策,高等教育规模迅速扩张,高等教育大众化成为必然趋势。在此背景下,高等教育的内涵发展和质量提升成为社会关注的焦点,现有评估制度亟需更新和完善,以应对新的教育诉求。2002年发布的《普通高等学校本科教学工作水平评估方案(试行)》将合格评估、优秀评估和随机性水平评估三种方案合并为水平评估方案。2004年3月,国务院发布《2003—2007年教育振兴行动计划》,首次明确"将本科教学评估定为五年一轮的周期性评估"。同年8月,成立教育部高等教育教学评估中心,标志着我国高等教育评估工作进入了制度化和专业化的发展阶段。这一阶段的高等教育评估延续了前一时期的边实践边修正的思路,有效提升了高校的教学质量,为我国高等教育的发展提供了有力保障。

从这一阶段的政策文本来看,评估目的除了要保障教育培养人才和服务社会功能的发挥,同时也开始关注学校自身的发展特色以及人本价值取向。

(三)优化与内涵建设阶段:关注价值理性

在上一阶段进行高等教育水平评估的基础上,我国高等教育评估改革的重心放在了解决"用一个标准去评价所有高校"的问题上。[3]2010年颁布的《国家中长期教育改革和发展规划纲要(2010—2020年)》就明确提出了"要健全教学质量保障体系,改进高校教学评估",并在2011年出台《普通高等学校本科教学评估意见》,明确提出要建立中国特色"五位一体"的本科教学评估制度体系,即"以学校自我评估为基础,以院校评估、专业认证及评估、国际评估和教学基本状态数据常态监测为主要内容"的教学评估制度。[4]这一评估制度的建立是对以往评估理论和实践的总结和优化,也是一次重要的制度变革和创新。

同时,推进"管办评分离"改革也成为这一阶段的主要议题,在此议题下高等教育评估多元主体协同参与成为必然趋势。继《国家中长期教育改革和发展规划纲要(2010—2020年)》颁布之后,《关于普通高等学校本科教学评估工作的意见》《关于全面提高高等教育质量的若干意见》《中共中央关于全面深化改革若干重大问题的决定》等文件也陆续发布,进一步强化并推动了高等教育评估的改革与创新。

伴随相关政策的颁布与实施,这一时期的高等教育评估逐步完善与优化,更加强调自身内涵建设,呈现出多主体、多类别、多方式等特征。如强调政府、社会中介机构、高校自身等多元主体参与教育评估;实行院校评估、专业认证及评估、国际认证与评估、教学数据常态监测等多种形式与类别的评估等。

二、评什么——从关注教育外部保障条件转向关注教育内涵发展

新中国成立初期,为适应经济和社会发展的需要,高等教育承担着为国家建设培养人才的重任。此时的高等教育采取重点发展政策,以服务经济社会发展的工程教育为主,因而教育评估的目标是"客观地、科学地评价高等工业学校的办学水平;保证高等工程教育的基本质量,重点支持办学成绩卓著的学校,整顿办得不好的学校,用以指导和推动高等工程教育的改革、发展和提高,使高等工程教育更好地为社会主义现代化建设服务"。从政策文本来看,1985年发布的《关于开展高等工程教育评估研究和试点工作的通知》中评估指标体系较为简单,且重点放在教育保障条件的配备与运用方面。

(一)试点探索评估阶段:注重保障条件

1985年,原国家教委颁布出台了《关于开展高等工程教育评估研究和试点工作的通知》,在一些省市启动了高校办学水平、专业、课程等评估试点工作。此次试点探索评估主要进行了高等工程本科教育评估和高等学校内部教学评估。从配套的政策文本内容来看,这一时期的评估指标体系较为简单,且重点放在教育保障条件的配备与运用方面,如更加强调办学设施与条件、师资配备、教育产出等指标,体现了对外部条件的关注与重视。

(二)规模化评估阶段:关注教育内涵发展

1990年颁布的《普通高等学校教育评估暂行规定》采取"合格评估、办学水平评估和选优评估"三种基本形式的评估,开启了分类评估的序幕。

经过十几年的评估实践与改革,2004年教育部颁布的《普通高等学校本科教学工作水平评估方案》中对评估指标体系进行了进一步的优化与完善,指标体系强调教育的"投入—过程—产出",更加关注教育自身发展的质量和效益。2011年10月出台的《关于普通高等学校本科教学评估工作的意见》和2012年初下发的《普通高等学校本科教学工作合格评估实施办法》《普通高等学校本科教学工作合格评估指标体系》,开启了新一轮的高等教育评估。从政策文本内容来看,评估分为合格评估和审核评估两大类,评估指标体系更加关注教育教学质量问题与教育内涵发展。

评估内容作为高等教育评估的核心内容,对高等教育的发展起着导向和指引作用,其变化一方面受社会环境的影响,同时也是自身发展的需求。进入高等教育大众化阶段以后,我国教育的需求更为多样,用同一套评估指标体系和标准无法衡量所有高校。同时,高等教育的发展目标和任务随着时代的发展发生了变化,教育内涵发展成为必然趋势,因而高等教育评估的内容也要随之发生根本性转变,从关注教育外部保障条件转向关注教育内涵发展。

三、怎么评——从政府主导转向多主体参与

从高等教育评估政策的演进过程来看,从1985年到2008年,我国的高等教育评估基本都是在政府的主导下进行的。无论是1990年《普通高等学校教育评估暂行规定》中提出的合格评估、办学水平评估和选优评估三类评估,还是合并为本科教学水平评估,以及分类评估,都是政府直接组织并参与的活动,评估主体相对单一。从已有的相关政策文本中可以看出,政策话语主要是从教育管理角度出发,对高校的

行为等提出了要求和相应的规范。例如，1990 年颁布的《普通高等学校教育评估暂行规定》，政策文本中使用的语言多为"加大教学投入，强化教学管理，按照把重点放在提高质量上的要求，进一步加强教学管理制度建设"等。

随着经济社会的快速发展以及"管办评分离"改革的推动，高等教育评估政策的话语也日渐趋于多样化。2011 年《教育部关于普通高等学校本科教学评估工作的意见》中指出，"完善中央和省级政府两级分工明确、各负其责的本科教学评估工作制度，建立与'管办评分离'相适应的评估工作组织体系，充分发挥第三方评估的作用，由具备条件的教育评估机构实施相关评估工作"，开始吸纳多元化的评估主体。这主要表现在三方面：一是政府向高校分权，强调高校的评估主体地址，把高校自评作为评估的基础；二是中央向地方分权，突出地方教育行政部门的评估主体作用，教育部支队评估工作进行宏观管理，而具体评估由地方教育行政部门组织实施；三是政府向社会分权，重视社会中介机构的评估主体角色，政府通过授权社会中介机构承担评估具体操作以保证评估的中立性和公正性。[5]

评估方式作为评估价值取向落地实施的关键要素，影响着高等教育评估的成效。政府、学校、社会等多元主体协同参与评估，能够体现出不同的评估视角和价值观，既能完善与提升高等教育评估的作用，又能满足各类群体对高等教育发展的多元需求，也是教育评估自身发展与反思的要求。

四、反思与展望

高等教育评估价值取向是高等教育评估主体与客体在面对或处理评估中的各种矛盾、冲突、关系时所持的基本价值立场、价值信念、价值态度以及所表现出来的价值倾向性。简言之，高等教育评估价值取向就是高等教育评估主客体所秉持的价值观。[6]

20 世纪 80 年代末，著名评估专家古巴（E. G. Guba）和林肯（Y. S. Lincoln）合著的《第四代评估》(Fourth Generation Evaluation)开启了评估理论与实践探索的新历程。该书把教育评估发展历史划分为四代，其中第四代评估以"回应性的聚焦方式"(responsive mode of focusing)为出发点，提出"回应—协商—共识"的方法。20 世纪 90 年代以后，这一评估思想和方法引起更多学者的共鸣，成为教育评估研究的主导趋势。第四代评估坚持评估多元性的理念，反对评估的管理主义倾向。首先，强调价值主体的多元性，评估中提倡充分听取各方面的有关意见，由评估者不断协调各种价值标准间的分歧、缩短不同意见间的距离，最后形成公认的一致看法。其次，强调评估内容和方式的多元性。评估者在协商过程中与被评价者进行民主、平等的对话，在这个过程中，评价者扮演的是中介人、条件提供者和创造者的角色。通过协商达成的共识，是有关各方的共识，评估者只是其中的一个方面。同时，评估的基本方法采用多元评价技术，以观察、记录作品或任务、口头演说、实验等质性研究方式进行。评估的多元化理念使评估的利益相关者通过各种形式的对话达成共识，改变了管理者控制评估内容、方式等的局面，从根本上提升了评估的效用。

近日，中共中央、国务院印发《深化新时代教育评价改革总体方案》（下称《总体方案》），这是新中国第一个关于教育评价系统改革的文件，也是指导深化新时代教育评价改革的纲领性文件。《总体方案》从党中央关心、群众关切、社会关注的问题入手，破立并举，推进教育评价关键领域改革取得实质性突破。《总体方案》明确，"扭转不科学的教育评价导向，坚决克服唯分数、唯升学、唯文凭、唯论文、唯帽子的顽瘴痼疾"，从价值取向角度为未来的教育评价指明了方向。政策与实践的价值取向也势必会更加多元、总的来说,随着相关政策的颁布、教育评估科学和专业。理论与实践的不断发展,我国高等教育评估

参考文献

[1] 王翼生.我国现代大学教育评估[J].高教探索,1998(4):30-33.

[2] 陆根书,贾小娟,李珍艳,等.改革开放40年来中国本科教学评估的发展历程与基本特征[J].西安交通大学学报(社会科学版),2018(11):20.

[3] 刘振天.回归教学生活:我国新一轮高校本科教学评估制度设计及其范式变革[J].清华大学教育研究,2013(6):39-45.

[4] 教育部.教育部关于普通高等学校本科教学评估工作的意见(教高〔2011〕9号)[EB/OL].http://www.moe.gov.cn/srcsite/A08/s7056/201802/t20180208_327120.html.

[5] 张继平.我国高等教育评估价值取向的转向发展[J].教育研究与实验,2012(5):49.

[6] 张继平.从冲突走向和谐:高等教育评估价值取向的社会学分析[D].武汉:华中师范大学,2011:41.

A Study on the Transition of Value Orientation of Higher Education Evaluation in China: Based on the Perspective of Policy Text Analysis

Wang Juan, Yi Li, Wang Xiuxiu

Abstract: Using the method of policy text analysis, this paper gives an account of the history of higher education evaluation in China and the relevant evaluation policies promulgated since the reform and opening-up. Through the analysis, we find that the change in the value orientation of higher education evaluation in China is characterized by a shift from instrumental rationality to value rationality, from a focus on external guarantee conditions of education to a focus on the development of the connotation of education, from government-led to multi-subject participation. The fourth generation evaluation which emphasizes "response-consultation-consensus" will be the future trend of higher education evaluation in China.

Key Words: Higher Education Evaluation; Value Orientation; Policy Text

高教
管理

Higher Education
Management

An Analysis on the Faculty Internationalization in Research Universities

研究型大学师资队伍建设国际化浅析

|吕黎江|　|卜杭斌|

【摘　要】　师资队伍是决定大学核心竞争力的关键所在,尤其是具有国际视野的师资队伍直接决定着研究型大学的办学能力和水平。经济社会的全球化发展对国际交流合作提出新的时代要求,研究型大学应从内涵发展、跨越发展的战略高度来推进师资队伍国际化建设,坚持"走出去"与"请进来"并举,不断深化与全球顶尖大学的实质性合作,以世界一流创新型大学建设为具体目标,坚持国际化、高水平办学,真正地将国际化融入学校的建设中。本文结合国内一流研究型大学的改革实践,探讨师资队伍国际化建设的趋势和实施重点,并提出若干思考。

【关键词】　研究型大学;师资队伍;国际化;人事制度

当前,世界多极化、经济全球化深入发展,资源跨境流动成为新常态[1],为高等教育对外开放提供了前所未有的机遇。大学作为高等教育最重要的载体,其国际化程度的加强是当今世界高等教育发展的主流[2],也是进行现代大学制度改革,提高自身应对性和竞争力的必然要求,是通向世界一流的必要途径和重要手段。教师是高校事业发展中"人"的因素的最集中表现,师资队伍国际化既是世界一流大学的共同特征,也是我国建设世界一流大学的重要保证。事实上,已有大量实证研究表明,世界一流大学的师资力量往往都是高度国际化的。[3][4]2015年10月,国务院印发《统筹推进世界一流大学

作者简介:吕黎江,浙江大学公共卫生学院党总支书记,副研究员。
　　　　　卜杭斌,浙江大学人事处六级职员。

和一流学科建设总体方案》,把推进国际交流合作作为十项重点任务之一,赋予了高校师资队伍国际化新的时代内涵,指明了师资队伍国际化建设的方向。

一、师资队伍建设国际化的意义

在参与高等教育国际化进程的主体中,大学是国际化的真正实施主体,而"引领全球智慧和科学走向"的研究型大学则肩负着更加重要的责任。[5]研究型大学不仅是学术系统发展的重要领航者,在国际化进程中也处于"排头兵"地位,对整个高等教育国际化起重要辐射作用。[6]

有学者对世界著名研究型大学国际化的主要特征进行分析,并将其概括为四个方面:一是办学理念国际化;二是师资队伍国际化;三是人才培养国际化;四是学术研究国际化。从国际化的主要特征可以看出,具有国际视野、国际经历和国际知识的教师才能推动大学教学、科研朝着国际化方向发展,教师的国际化是大学国际化最为关键的方面。[7]

(一)师资队伍国际化是培养具有国际视野的创新性人才和未来领导者的支撑保障

人才培养是大学教育的重要职能之一,世界一流大学理应以培养具有国际视野的创新性人才和未来领导者为己任。教师是落实立德树人根本任务的关键,习近平总书记在北大 120 周年校庆师生座谈时指出:"教师队伍素质直接决定着大学办学能力和水平。"教师作为学生的"四个引路人",是承担教书育人的主体,其水平是学校人才培养的关键要素,同时培养具有国际意识、了解国际文化且具有创新精神的新时代育人内涵,也对教师的国际化水平提出了更高的要求。

(二)师资队伍国际化是拓展高水平国际合作,构建开放协同的学术创新体系的重要基础

创建一流的学术创新生态系统,需要聚焦国际前沿,服务国家重大战略[8],开放包容互鉴,需要在跨学科专业合作、跨国境人才交流、跨领域科研创新等方面寻求突破。而这都离不开搭建合作平台和交流机制,离不开人的重要载体。合作与交流的主体是教师,如果没有教师的国际化,如何聚焦国际前沿,把握学科发展方向? 如果没有教师的国际化,如何走出去搭建合作的平台,开展高水平合作? 如果没有教师的国际化,不了解研究领域的前沿问题,如何开展前瞻性科学研究,解决卡脖子问题? 总体而言,没有全球竞争力的人才队伍,就没有开展国际合作的基础,就不能在研究领域中发出中国声音,就没有话语权。

(三)师资队伍国际化是提升学校办学声誉的关键要素

从世界一流大学发展经验看,世界一流大学就是国际性大学。国际化办学是实现世界一流办学水平的应有之意和必然路径。办学声誉是学校办学质量与水平的外在体现,良好的声誉源自国际化的一流学生、一流教师、一流管理与环境、一流品牌与文化等。教师是提升学校办学声誉的关键要素,培养具有国际视野和能力的学生,开展服务国家战略的前瞻性研究,深入拓展国际科研合作,传播文化理念,提升国际知名度,都离不开一支可以与世界高水平大学教师同行开展"平等对话""强强合作"的国际化人才队伍。

(四)教师参与国际化是教师自身发展的重要途径

教师国际化是高等教育国际化的一个

重要环节,同时国际化也是教师发展的重要途径[9],两者相辅相成。教师参与国际化的主要方面在于:国际合作与交流、聚焦国际前沿的科学研究、主流期刊的学术发表与影响、开设以国际内容为研究对象的课程等。[10]教师参与国际化的领域和内容,也将促进教师在国际意识和视野、聚焦国际前沿的研究能力、国际同行的合作互鉴、学术影响力的传播和提升等方面得到磨炼,促进国际协同创新能力提升,促使自身不断地成长和发展。所以说,国际化是新时代赋予教师成才与发展的新内涵,也是新时代对教师提出的新要求,更是教师发展提升的新途径。

近年来,随着我国经济社会的快速发展,以及国家、高校等大力推进高等教育国际化,我国和西方发达国家高校实力差距发生巨大改变。以交流访学为例,过去派出访学的大多数教师连基本的语言交流都存在较大问题,如今参与国际交流的教师和大多数西方学者已经可以自由平等对话;过去的共性是"学习",如今有更多个性化的"合作";以往是"一次性"派出,今天更多的是建立持续性合作机制。现阶段,尤其在"双一流"建设背景下,如何推进师资队伍建设国际化,是需要我们思考和研究的新课题。

二、师资队伍建设国际化存在的主要问题

改革开放以来,随着经济社会的快速发展,以及国家对高等教育国际化的日益重视,我国高校尤其是研究型、创新型大学的师资队伍国际化水平取得了长足发展,但对照建设世界一流大学的要求,还存在一定的距离,也存在一些现实问题。

(一)重显性量化指标,轻内涵发展

在师资队伍国际化建设中,境外高水平大学博士学位比例、外籍教师比例、境外学习工作经历等体现师资队伍结构国际化的显性指标,往往是大学关注的焦点,从而导致在教师引进中重"洋博士"、晋升培养中设置境外学习工作经历的门槛、对外籍教师的引进大开"绿灯"等现象频频出现;对与学校自身发展战略目标和步骤的适应度考虑不多;同一些国际知名学者的合作与交流停留在短期访问和讲学的层次,没有长期和深入的教学与科研合作。师资队伍"国际意识、国际竞争力和国际水平"的内涵发展,需要学校通过实质性的合作项目以及频繁的跨界交流对现有教师团队进行持续性的养成,真正在交流与对话中培养"具有广博的文化知识和精湛的专业技能""具备现代化的教育意识和国际化的教育理念""了解国际先进的教学、科研的新思想、新方法"的教师队伍。

(二)精准引才的机制尚需健全

通过短期性的人才引进追求表面化的师资结构的优化,忽视人才引进与学科的匹配度,一方面不利于教师自身的成长,另一方面也不利于学科的可持续发展。在人才引进的渠道上,往往考虑排名评估等功利需求,更多希望全职引进,为我所有,而"不为所有、但为所用"的理念尚未形成,导致引才引智的渠道单一化,造成人才的流失。从国内研究型大学的总体情况来看,大师级教授和国际知名的专家学者明显偏少,缺少具有国际影响力的高端人才和活跃在国际学术前沿的具有国际知名度的顶尖人才,能够支撑学校未来发展的优秀青年人才储备不足,能够引领国际学术前沿、解决国家重大需求的创新团队还不够多,诺贝尔奖等国际著名大奖获得者及相当水平的顶尖人才引进工作更需要突破,顶尖人才数量尚不能满足建设世界一流大学的需要。

（三）与国际接轨的教师评价体系仍需完善

一方面尊重学科差异,适合学科特点,以质量优先、内涵发展为导向的评价体系尚不完善,片面追求多出成果、快出成果,试图通过成果数量的累积和教师数量的集聚来实现高校研究业绩的增长,而忽略了不同学科和研究类型的成果产出的特性差异,干涉了教师的学术自由性、独立性和多样性,使教师无法潜心从事教学和科学研究。[11]另一方面,以世界同科学领域前沿专家学者为评价主体,强调学术研究的前沿性与原创性,关注申请人在该学科领域的学术成就贡献、国际影响力及未来的成就前景与潜力的国际同行评议机制尚待健全。

三、师资队伍建设国际化的实践——以浙江大学为例

浙江大学一直以来高度重视师资队伍建设国际化,并在不同历史阶段采取不同举措。在改革开放初期,在国家派出计划的基础上,浙江大学较早地启动相应的专项资助计划。相继出台《浙江大学学术带头人后备人才出国研究专项计划》《浙江大学优秀青年教师出国(境)研修专项计划实施办法》("新星"计划),选派35岁以下优秀青年骨干教师,结合在研国家级科研项目,前往世界著名大学或研究机构开展为期2年的合作研究。2010年底推出以项目为依托的"海外一流学科伙伴提升计划",对接牛津、剑桥、斯坦福、哈佛、普林斯顿和麻省理工等世界名校的一流学科,引导和支持开展学生交流、学术互访、智力引进、联合科研等实质性合作。[12]2018年实施"浙江大学—世界顶尖大学联合招收博士后计划项目",通过联合招收博士后计划项目,选拔资助国内优秀博士进站后赴世界顶尖大学开展合作

研究,同时吸引世界顶尖大学优秀博士到学校从事博士后研究工作,提升博士后队伍国际化水平,在国际环境中培养高水平创新型人才。

浙江大学相继出台了"百人计划""学术大师汇聚计划""特聘研究员岗位制度"等,加大对优秀青年人才和顶尖人才的引进力度;完善讲座教授、兼职兼任教授、访问学者等多形式的柔性引才引智制度,延揽全球人才;大力度引进外籍教师,在教师编制、岗位以及薪酬方面给予倾斜支持。建立健全了多形式多渠道的引才引智制度。

在教师晋升发展中,强调小同行评价,根据学科特点,由学部对境外专家评议进行把关;尤其2019年起学校试行开展长聘教职评聘,进一步强调国际对标和国际同行评议,逐步建立与国际接轨的评价体系。

此外,浙江大学发布了《全球开放发展战略》(*Global ZJU*),将师资队伍国际化提升到了大学全球战略的高度,赋予了新的时代意义。

四、研究型大学师资队伍建设国际化的思考

以新时代新要求为目标,以问题为导向,我们应从内涵发展、跨越发展的战略高度来推进教师国际化,坚持"走出去"与"请进来"并举,坚持质量导向,抓重点、补短板、强弱项,不断深化与全球顶尖大学合作,确立教师国际化服务于世界一流创新型大学建设的具体目标和实施路径,通过这些目标、定位和举措,不断提升学校综合实力、国际竞争力和影响力。

（一）注重教师国际化建设的顶层设计

教师国际化建设应坚持战略性布局,与国家对外开放大战略相匹配,与学校自身发展战略目标和步骤相适应,构建"以我为主"

的国际创新合作新格局。应坚持实质性推进，围绕学校的人才培养、学科建设和学术队伍建设，有计划有目的地开展"内涵型"交流合作，做到"交流有内容，合作有项目，个人有任务，团队有分享"。应坚持可持续性发展，构建互相依托支撑、有机互动的国际合作生态体系，有效配置资源，坚持平等互利、合作共赢，加强合作伙伴的可持续性，提高合作项目的可持续性，提高资源支撑的可持续性。应坚持服务型保障，坚持以人为本，发挥院系和学科的主体作用，建立评估激励机制，助力教师成长成才，建立健全支撑保障体系，为教师开展国际交流合作提供更加便捷高效的服务。

(二)建立多层次、多形式、多元化的海外引才体系

坚持"请进来"，科学规划、合理布局，通过专兼结合的方式，重点引进与学科匹配度高、具有较高国际学术影响力的海外专家学者，建立健全多形式多渠道的引才引智制度。对标国际一流引才引智，加快引进诺贝尔奖、图灵奖、菲尔兹奖等国际著名大奖获得者和发达国家院士等海外学术大师，汇聚顶尖人才。借力国家和教育部重大战略人才项目和计划，结合高校特色的人才计划，聚焦海内外高水平大学长聘教职、全球著名学者、学术大师优秀弟子，大力引进和培育一批具有国际影响力的领军人才和未来学术带头人。完善讲座教授、兼职兼任教授、访问学者、驻访教授等多形式的柔性引才引智制度；探索"引才＋引智""个人＋团队"相结合，延揽全球人才；大力度引进外籍教师，提高外籍教师在师资队伍中的比例，建立多元化的人才队伍。

(三)持续创新教师聘任制度

教师引进渠道上，探索预聘制（tenure track）改革，逐步建立与国际接轨的人才遴选、流动制度，进一步优化和提升引进人才水平和质量，为更好地融入全球学术圈奠定坚实基础。[13]培养评估上，进一步完善预聘制的期中和期满评估，形成科学合理的学术评估机制，引导预聘教职成长成才，对基本上已具有国际教育和研究经历的青年教师要在如何"落地"上下功夫，要研究如何把国外学到的前沿知识与国内的实际需求相结合，引导青年教师的研究工作真正立足国内，建立国内外实质性的联合研究方式，努力寻求在研究需求、研究内容和研究方式上国际化，努力加深基础研究的前沿性探索，扩大应用研究的国际影响力和国际上的话语权。在晋升发展上，注重国际同行评议，强调国际化评估导向，加强教师国际影响力和国际声誉等评价要求，提升教师队伍的国际竞争力和在国际主流学术圈的显示度，同时结合中国国情，进一步提高引才育才的客观性和国际化，逐步形成具有中国特色的长聘教职评聘体系。

(四)构建在国际环境中培养储备人才的良好生态

坚持"走出去"，探索在国际合作中培养储备人才梯队，形成人才培养与师资培育互促互进、有机融合、集成创新的储备人才培养体系。在培养路径上，针对国际前沿研究动态，结合国家发展特别是国计民生迫切需要解决的研究重点难点进行优先选派的目标定位，可结合教师学术假制度，建立资助期限的弹性制度，探索并突出以学科、研究内容为主导的重点派出模式，选派能支撑学校未来发展的优秀青年骨干教师，以师生团队形式，到世界顶尖大学进行高质量的合作研究。引导教师拓展学术合作网络，以国际前沿、国家需求为重点，以学科为基础，以项目为抓手，突出其研究的内容和研究的重点，与全球顶尖大学共同建设国际高水平科研合作平台，积极参与全球或区域性重大科

研合作项目,提升合作质量与成效,推进与国际高水平大学的深层次合作。加强对优秀博士后的国际化培养,鼓励选派优秀博士后赴世界顶尖大学开展合作研究,在国际高水平科研平台和国际化科研环境中培养博士后研究人员,推进国际合作的深度,培养具有国际化视野的高水平师资储备力量。

(五)建立完善对教师扩大国际学术影响力激励机制

推动教师对外学术交流与文化传播,加强教师与世界一流大学和学术机构的实质性合作,鼓励积极参与国际教育规则制定、国际教育教学评估和认证,鼓励教师到国际组织等任职,促进学术交流和文化传播,切实提高我国高等教育的国际竞争力和话语权。鼓励教师参与国际合作、国际学术组织,举办和参加国际学术会议。对担任国际学术性协会职务,担任重要学术刊物主编、副主编、编委,担任重大国际会议主席或分会主席,担任国际重要学术机构的专家顾问,以及被海外高校授予名誉学衔的教师给予充分的认可和激励。加强对院系推进师资队伍国际化的评估与激励。将师资国际化建设、国际声誉提升和对外交流合作成果纳入院系领导班子考核指标并作为院系年度工作考核的重要内容。加大对院系及教师国际化工作的激励,国际化工作与年终考核津贴的核拨挂钩。加强对院系国际化岗位工作人员的培养锻炼和绩效考核,增强适应"双一流"建设的本领能力,培养一支优秀的国际化管理和服务支撑队伍,为教师国际化做好服务保障。

参考文献

[1] 吴朝晖.推进国际化战略,建设世界一流大学[N].浙江大学报,2016-4-1(1).

[2] 刘道玉.大学教育国际化的选择与对策[J].高等教育研究,2007,28(4),6-10.

[3] 喻恺,田原,张蕾.后发新兴世界一流大学师资队伍的特点及其启示[J].高等教育研究,2011(4),19-24.

[4] 田原,喻恺.亚洲世界一流大学的师资模式[J].复旦教育论坛,2013,11(1):23-28,49.

[5] Altbach P G. The Past, Present, and Future of the Research University[A]. In: Altbach P G, Salmi J (eds.). The Road to Academic Excellence[C]. World Bank Group, Washington, 2011:11-29.

[6] 顾建民,薛媛.研究型大学国际化的制度分析[J].高等工程教育研究,2017(6):81-86.

[7] 余平.大学国际化的内涵审视[J].山东高等教育,2016(3):29-38.

[8] 中共中央办公厅.国务院办公厅关于进一步弘扬科学家精神加强作风和学风建设的意见[EB/OL]. http://www.gov.cn/zhengce/2019-06/11/content_5399239.htm,2019-06-11.

[9] 舒俊,姚利民,李碧虹.研究型大学教师参与国际化的影响因素及政策建议[J].绍兴文理学院学报,2019,39(12):1-8.

[10] O'Hara S. Internationalizing the Academy: The Impact of Scholar Mobility[A]. In: R. Bhandari, S. Laughlin (eds.). Higher Education on the Move: New Developments in Global Mobility[C]. Institute of International Education, New York, 2009:29-47.

[11] 杨扬.我国高等教育师资国际化的问题与对策[J].全球教育展望,2013(5):108-114.

[12] 浙江大学国际合作与交流处港澳台事务办公室."海外一流学科伙伴计划"实施方案(2016—2020) [EB/OL]. http://www.ir.zju.edu.cn/2016/0506/c133a14768/page.psp,2016-05-06.

[13] 吕黎江,卜杭斌,刘红."双一流"建设背景下高校教师长聘制改革初探[J].现代大学教育,2019(5):85-89.

An Analysis on the Faculty Internationalization in Research Universities

Lyu Lijiang，Bu Hangbin

Abstract：Faculty plays a key role in determining the core competitiveness of a university，especially faculties with an international vision，which directly determine the capability and level of running a research university. Economic globalization and social development have put forward new requirements for international exchange and cooperation in the new era. Research universities should promote the internationalization of faculty from a strategic height of connotation development and spanning development with "going out" and "inviting in"， and continuously deepen substantive cooperation with the world's top universities. We should insist on the internationalization and high level of university operation with the specific goal of building a world-class innovative university，and truly integrate internationalization into the construction of the university. Based on the reform practice of domestic first-class research universities，this paper discusses the trend and implementation focus of internationalization of faculty and puts forward some suggestions.

Key Words：Research University；Faculty；Internationalization；Personnel System

A New Exploration of Higher Engineering Education Under Global Epidemic Situation : Distance Teaching Practice of Mechanics of Materials in Orenburg State University

全球疫情下工程教育新探
——奥伦堡国立大学材料力学远程教学实践

|范志武| |黄艳娟|

【摘　要】　文章介绍了奥伦堡国立大学向远程教学迅速过渡的经验,重点分析了为促进教师和学生教育互动所采用的工具,及其培养具有信息素养和跨学科技术能力的工程专业大学生的目的。"数字轨迹"技术运用于工程教育的新实践,着重分析了工科学生的整体感觉(与建立"数字轨迹"有关的教育实践)。所提供的数据表明,学生对个人教育路径灵活性的要求有所增加,对新的数字能力、创造性、自学和注意力管理能力、社区建设、反射能力的培养需求均有所提升。远程学习模式下着重发展的是基本个人技能,以促进未来工程师形成人力资本。

【关键词】　工程教育;远距离学习;远程教育技术;柔性教育轨迹;教育实践;课程能力;数字服务

作者简介:范志武,哈尔滨工程大学图书馆学习支持中心馆员,副研究馆员。
　　　　　黄艳娟,哈尔滨工程大学图书馆信息素养教育中心主任,副研究馆员。

一、俄罗斯高等工程教育现代化趋势

为适应大工程观理念,国际高等工程教育重拾实践传统,选择了一种新型的称为"CDIO"的教育模式,在全世界掀起了教学模式改革的热潮。[1]作为世界工业强国,俄罗斯的高等工程教育研究和实践曾多次成为世界工程教育主流的中坚。国内学者分析其现代化当前面临双重挑战。[2]为应对全球化趋势,俄罗斯在引进CDIO教育模式等方面进行一系列的国际化改革。面对国内发展新型工业化的背景,如何深化高等工程教育改革,转变教学模式,以问题导向构建知识构建式学习系统,近年来各工程教育主体在践行国际先进理念上进行了诸多探索[3][4][5],在线教学是其中内容之一。

二、奥伦堡国立大学的应对

新冠疫情让俄罗斯的高等教育系统遭遇困境,教育部领导甚至言之为重创。实践证明,一线教育工作者们经受住了巨大的挑战,新形势下奥伦堡国立大学的教师们不懈探索新的教育模式,在远程教学实施中逐步形成如下教育体系[6]:

1.异步或远程学习管理系统(Learning Management System,LMS)中的课程。按规定的时间节点在个人方便时预习老师布置的材料;

2.使用 Zoom、Skype、Googlemeet、Discord 或其他媒体,所用平台学生同时参加网课,实施同步教学;

3.根据教学任务协调同步和异步交互,进行互动。

为支撑远程学习模式,利用信息交互技术补充完善了平台的交互功能,具体有 WhatsApp、Viber、Telegram 等信息和通信技术;BK、Facebook、Instagram 等社会网络,甚至将 YouTube 的视频托管服务应用到教育过程中。

三、材料力学课的探索

(一)使用数字服务支持教学进程

刚一过渡到远程教学,教师就以各种教育手段获取大量互联网资源来充实他们的电子教程,并且把一些数字和模拟工具运用于随之开展的教学活动之中。使用最多的是表决工具 Mentimeter。这一工具允许学生最大限度地参与问题讨论。初始,用它来了解学生对远程学习方式的态度。结果发现态度前后有变,由最初不假思索的肯定逐渐趋于理性,调查数据表明,在学习2~3周后偏技术的学生给出的优选项变成了"主要在我方便的时候学习"或"我可以按自己的节奏学习和复习材料"。与此同时,"我可以集中精力学习任何章节"这一选项,未来工程师们勾选的百分比也从第一次调查的8%上升到第二次调查的18%,而设计专业学生该比例仍没超过11%。

教学过程中渐渐暴露出远程方式的一些弊端。课程教师还使用它来调查学生对其容忍程度(如图1)。这是课内面向工程和艺术类学生做的专门调查,它将答复与比额表挂钩,要求被调查者在指定的参数(指标)范围内估值,如 0 至 5 之间。尽管弊端主要源自社会问题或者纯粹的技术故障,学生们同样反应迅速,并称其为最艰难的时刻。

同步在线学习时,往往需要确认大家对主题、问题或现状是否有共同理解,这时使用 Mentimeter 这种评价工具很有效。调查显示,学生给教师的反馈更为重要。首先,得到的全部是正向反馈。因为没有外界的压力,回复者容易表达自己,评价结果更准确。其次,不能坦诚回应,或不善于提出正面批评，都非真正的教学原因，而是由于众所周知的心理和社会固有观念妨碍教育机构的正常教育管理，阻碍向互动学习方法的过渡。

图1为工程和艺术类方向的材料力学教学春季学期课程例子。这是在线调查所演示的最后幻灯片。问题如下："在学习课程时您是如何学习的？"系统分析这类调查的结果，可直观反映教学管理人员推进课程教学进程的情况，还能分析各个层面的教学互动效率。

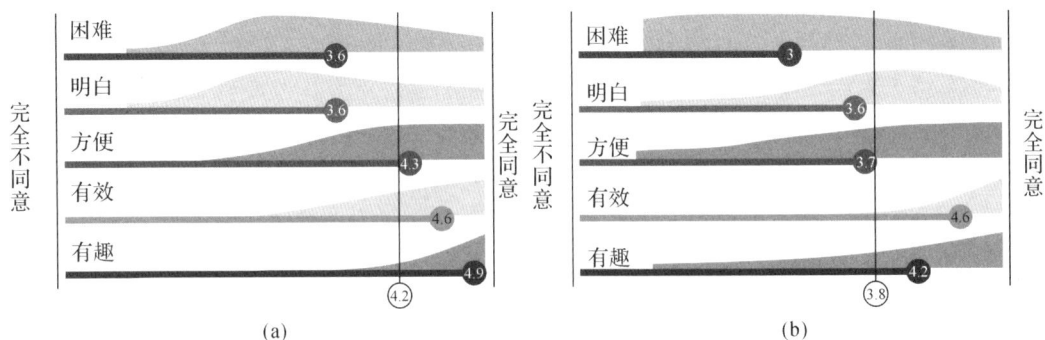

图1　工程类（a）和艺术类（b）大学生的 Mentimeter 在线调查屏幕表格

（二）设计混合教学模型

全球环境基金会要求毕业生掌握通用计算机水平。为了帮助学生提高通用计算机水平，材料力学、工程力学、零件和结构的缺陷和损坏等三门课程在面向工科类学生的教学中，设计出一种混合教学模型。第一，将远程教学内容嵌入本科信息技术教学，并为此编写了一些材料。第二，采用分类教学。三门课程分专业编写有基于 Moodle（https：//moodle. osu. ru/）电子教学系统的电子教程、教学大纲、讲座和实习幻灯片、案例研究、相关视频设备和草图、电子图书馆系统和专业数据库等资料、仿真实验指南、参考材料、供学生进行自主知识测试的 AISST 自动交互网络测试系统等。在大量时间、资源和技术费用的支持下，上述三门课程在经过一个学期的远程教学后，大学生的学习水平都得到了提高。

（三）在工程教育中实施柔性教育

专业基础课是几乎所有工程专业的必修课。然而，技术学科的能力不只是有广泛的发展思维，还需要学习者的创造力。新的知识传播形式要求不同于以往的教育基本原则，需要在把握未来技术经济新格局的关键趋势下，列出对所需技能的要求，从而构建出全新教育方式下的教学模式。对此，奥伦堡国立大学给出的方案就是综合教学法。这种教学法既能为师生提供新信息，又可激发他们的积极性。同时，这也是基于相关教育研究成果和课程内对学生的调查得出的方案。

然而，远程技术只是实现以学生为中心的学习方法基本原则的工具，相比其他学习形式，它要求学生拥有更强大的动机。对此，奥伦堡国立大学教师们又提出情景教学，以克服远程教育的问题。因为这种教学方法不仅可以激活理解过程，刺激对课程内容的理解，还可增强学生的学习动机，对培养学生的价值观也具有促进意义。当然，学生成才与否，与新的教育技术或学习模式的有效性不可划等号，这是不争的事实。应用远程教育技术的教学效果分析并不具有统计学意义,用社会文化观点看,它不过是一个可以培养学生监控、评价和管理自己学习的方式而已。

从各种可用的在线工具使用中,教师收获了宝贵经验,学生的反馈更令人惊喜。他们创建了词汇云。一个本不过最平常的调查,却让颇具感受力的教师敏锐地把"复杂""恐惧""恐慌"等标签与即将来到的材料力学(考试)课程中期考核挂上钩。被迫过渡到远程教学,学生一定会有个人情绪要表达,在这里全部被浓缩为一个个的词。依靠自身的专业精神和信息素质,教师们去分析这些信息,将其系统化和综合,然后进行正确归因。图2所示的"单词云"插图材料取自课程进行中期考核之前对学生的调查,看起来更"有意识"。说明在每个特定的主题领域,学生从信息流中所获取的知识和材料,他们都能给出恰当的评价。

a)与本课程整合的学科其名称首个单词　　　　b)从本课中学到了哪些有益的东西

图2　构建词汇云的大学生 Mentimeter 在线调查屏幕格式示例①

(四)培养反射能力、绘制个人教育轨迹

利用远程教育技术组织教学时,要有可帮助学习者理解学习目标,特别是自我发展目标的工具。这一点值得注意。反射能力作为一种思维类型,就属于这类工具。

远程学习中反射能帮助学生理解自己在学习之初拥有什么样的知识,学到了什么,为了解决新出现的问题需要进一步获得哪些知识,以及有意识地调整自己的教育之路,绘制灵活的个人教育轨迹。机械教研室的教师们,针对工科课程(材料力学、工程力学和机器零件)学习者的学习活动已经进行了几年的反射分析;在进行中期考核之前直到课程结课时,教师们都会建议学生写一篇题为《个人的学习收获》的短文。为便于学生思考,教师往往提出几个问题。短文是小篇幅的自由议论,适于表达对获得学科知识和技能的个人印象和想法。文本文件或手写文本的扫描本,通常作为具体课程任务的答案,格式可以从 Moodlte 系统下载。回复显示出,学生们对自己的成功(或失败)表现得相当真诚,就教研室的课外活动如何进行修改、补充或更新互相交换看法。在戈德堡工作室的工作、工程设计学校的课程、科学研究工作、奥林匹克运动会项目训练和其他许多活动中同学们都有诸多参与。有人在论证中提出课程里哪些章节的教学形式在他们看来是成功的,并给出了相互配合的互动方案;有人为提供的个性化学习机会表达

---

① 图 a)适合 24.03.04 航空专业修飞机零件和结构缺陷与损坏课的大学生;
　图 b)适合工程专业选修材料力学课程大学生。

谢意(很少有人表示不满);有的讲述自己如何克服懒惰和改掉拖延症习惯,还有的对缺乏时间管理技能感到遗憾(不忘指出教师指定的任务清单上诸多的积极因素)。

"学科教学过程中什么最让人恼火"是学生们面对的最有挑衅性的问题。学生们的答复表明,自我管理和自学能力非常重要。大多数学生在疫情暴发时都没有这种技能,或能力不足。短文中明显能看到,学生们在独立工作方面渴望新形式,需要好的教学方法支持他们。让人恼火的还有所遇到的技术问题,主要是互联网登录和通信不稳定等技术故障。也有学生晕摄像头,镜头下他们感到困惑和不舒服。这表明,教学过程中参与者的普通和非口头交流形式令他们感到不适。面对复杂的教育形势,学校大多数部门短时间内还不能为学生提供有效的心理干预。

四、主要结论和建议

1.奥伦堡国立大学为应对疫情,依托本校"学习管理系统"的网络课程资源,面向大学生开展远程异步学习。为弥补远程教育技术交互功能的不足,借助了多种信息和通信技术,利用了 BK、Facebook 等社交媒体,满足了当时的教学需要。案例突出的特色在于教学设计周密。借助以上技术,教师营造出全新的信息化教学环境,置身其中的学生自然地以远程的教学资源为认知工具去探究、去学习。教师设计有网上答疑、在线谈心和在线调查等诸多互动环节;根据任务要求多个学科学生合并、协作完成流水作业等训练,这些鲜明体现了网络课程的基本特征[7],活动的实施也勾勒出学生自主学习的教学模式。实践证明,信息化教学环境下学生的学习能力提升明显。

2.除了在线为学生解答学习中的疑问、跟踪他们的学习状态之外,材料力学课的教师们在远程教学过程中还不失时机地使用在线调查工具,巧妙地进行柔性教育,令人印象深刻。帮助学习者理解学习目标,勾画出清晰的自我发展教育轨迹,机械教研室的教师们在此方面付出心血。细致入微的观察体现了教师的悉心指导和对学生个体成长的关注,所获结论也将有助于后续改进课程的教学设计。新形势下他们所做的教学探索,经验值得学习,精神给人以启迪。

3.奥伦堡国立大学师生的切身经历引人深思。面对高等教育当前的态势,教师和学生必须同步到位。笔者以为,高校图书馆也应同步到位。在把握知识传播媒介技术影响教育教学发展的规律之上,图书馆应就如何完成角色转换问题进行全面思考,想办法将大量数字化馆藏转化成为各学科学生的认知工具;图书馆应提供设施完备的学习空间,提出更好的服务方案,吸引大学生到此进行 PBL 项目探究;在寻找信息源、筛选鉴别信息乃至利用信息等方面,图书馆员要思考如何发挥专长,对大学生巧妙地实施柔性教育,切实支持大学生学习。力争让信息素养教育进入各学科在线教学进程中。

参考文献

[1][6]周伟.国外高等工程教育的改革动态及启示[J].高等教育研究学报,2012,35(4):45-48.

[2][7]杜岩岩.俄罗斯工程教育全球战略的目标及实施路径[J].教育研究,2016(4):134-139.

[3] Ольховая, Татьяна, Александровна. Новая Практика инженерного образования условии дистанионном образовании в России[J]. Высшее Образование в России,2020(8-9):142-154.

[4] Н. П. Гончару. Смешанное обучение: особенности проектирования и организации на основе интернет-

ресурсов. Инженерное образование[J]. 2018(24):148-153.

[5] Румянцев Евгений Владимирович. КонцепцияЦифровизации Образовательной Среды Современного Инженерного Образования В Условиях Глобализации[J]. Инженерноео бразование,2019(25):56-64.

A New Exploration of Higher Engineering Education Under Global Epidemic Situation: Distance Teaching Practice of Mechanics of Materials in Orenburg State University

Fan Zhiwu,Huang Yanjuan

Abstract:This paper introduces the experience of the rapid transition to the distance learning at Orenburg State University,focusing on the tools used to promote the educational interaction between teachers and students with the aim of cultivating engineering students with information literacy and interdisciplinary technical ability. The new practice of applying "digital trajectory" technology in engineering education focuses on the overall perception of engineering students (the educational practices related to the establishment of the "digital trajectory"). The presented data show an increase in students' demands for flexibility in individual educational paths,new digital competencies,creativity,self-learning and attention management skills, community building,and reflectivity. The focus in the distance learning model is on the development of basic personal skills to facilitate the formation of human capital for future engineers.

Key Words:Engineering Education;Distance Learning;Distance Education Technology;Flexible Education Track;Educational Practice;Curriculum Ability;Digital Services

An Exploration of Online Engineering Education Reform of Electrical Control and PLC Course Under the Global Epidemic Situation

全球疫情下的电气控制及 PLC 课程在线工程教育改革探索

|杨新宇| |邵思羽| |李大喜| |张 强|

【摘 要】 作为电气工程等专业的专业基础课程,电气控制及 PLC 课程对于适应新形势下新工科建设发展需求,培养学生的专业基础能力,尤其是工程应用能力具有重要的意义。受新型冠状病毒疫情影响,该课程的正常教学及相应的学生应用能力培养效果都面临巨大挑战,倒逼我们基于互联网平台,充分利用各类信息化手段,加快构建课程的立体化教学资源及在线工程教育环境,开展混合式教学模式实践,探索在线工程教育环境下的评价机制,形成了初步的经验做法。课程的改革突出了以学生为中心的教育理念,极大激发了学生在线学习的积极性与主动性,保证了课程正常教学效果与教学效率,取得了预期效果。课程改革探索的一些做法对于其他工程类专业课程教学具有一定的指导意义。

【关键词】 电气控制及 PLC;教学改革;混合式教学;工程教育

作者简介:杨新宇,空军工程大学防空反导学院,副教授。
邵思羽,空军工程大学防空反导学院,讲师。
李大喜,空军工程大学防空反导学院,讲师。
张强,空军工程大学防空反导学院,副教授。

一、前言

电气控制及 PLC 课程是电气工程、自动化等专业的专业基础课程,在学习电气控制技术及 PLC 基本原理基础上,更强调实际动手实验,要求掌握基本的电气控制线路设计以及 PLC 编程能力,是电气工程以及自动化等专业着力工程实践能力培养的传统课程。2020 年新型冠状病毒疫情暴发,为了有效控制疫情的传播、保障学生以及教育工作者的健康安全,教育部要求全国高校延期开学,提倡采用线上授课的方式以保证"停课不停教、停课不停学"[1]。

一方面,突发的全国范围内的线上教学模式探索给予教育工作者一次自身教学模式思考与审视的机会,也给具体的在线课程资源建设、课堂组织方式以及学生能力培养等方面带来了巨大挑战。虽然,伴随着近些年 MOOC 等在线教学模式的发展以及国家在精品课程、精品资源共享课以及"金课"等方面的持续引导和发展,我国在在线教育基础建设及混合式等在线教学理论与方法研究等方面取得了长足发展。但是,面对大规模、多层面的线上教学实际,各个院校课程教学的专业特色需求仍无法完全得到满足。

另一方面,互联网技术的发展及信息化辅助教学手段的进步,为传统学科及其教学组织方法改革、构建以学生为中心的教育环境带来了机遇。尽管有研究提出了将在线教育理念和技术应用于实验教学的方法,并就实验项目上网、在线过程监控、学情大数据获取、分析及推送等关键环节实现方法进行了探索[2],也有很多学者在计算机专业等依托在线环境即可完成的实践教学的课程中开展了实践探索[3],但更多仍处于摸索阶段。相关国际机构及学堂在线在国内召开的在线工程教育国际论坛仍在组织相关专题探讨研究。由于工科线上实践教学的技术问题无法大规模突破,使得突出应用能力培养的在线工程教育发展仍有不足。[4][5][6]

面对机遇与挑战,本文以电气控制及 PLC 课程为对象,积极开展教学实践,研究基于课程的在线工程教育改革,期望对于新工科背景下工程教育体系构建进行有益探索。

二、全球疫情下传统课程教学面临的挑战[7][8]

(一)授课方式单一,教学资源有限

传统的电气控制及 PLC 课程教学以线下教学为主,教学双方主要在课堂上完成知识传播与交流,可以通过电器元件实物、幻灯片、课堂板书等方式丰富知识展现手段。课程实践直接依托实验室开展,便于学生直观、有效地建立初步的工程认知。但受疫情影响,依托钉钉、腾讯、微信等在线交流平台开展线上教学,使得传统的教学资源无法在线同步展开,导致教学双方即时的交流互动变为单向的灌输,课堂知识展现方式由多维变为单一,立体式的课程资源使用受到极大限制,尤其是实践教学环境大规模缩减,直接影响对学生工程实践能力的培养。

(二)教育在线转型,教师面临挑战

在教学活动中,教师始终是主导的一方,教师的能力水平将直接影响学生的知识接受、消化、融会贯通直至综合应用。突发的线上教学环境变化,由于受教师自身讲课风格与习惯影响,直接将线下授课移植于线上会遭遇很多障碍,直接影响学生

学习能力,造成学习目标难以实现。这些都需要教师主动适应,积极探索高效可靠的教学方式,大到教学资源的优化建设、在线教学软件平台的选择,小到各类软件使用方法、课堂资源有机配合。总之,在线教学对教师的信息化手段运用能力提出了更高的要求,使得教师课堂主导能力面临巨大挑战,倒逼我们开展课程在线教育模式的研究与探索。

(三)专注程度不一,学习效果受限

学生作为课堂授课的接受方,其课堂专注程度、参与程度、知识的深度转化能力直接关系课程教学效果,间接影响专业应用能力培养。在线教学环境下,受限于当前网络传输容量的发展,要对学生实时的课堂反应进行监控困难较大,单向的"教"导致教师无法兼顾所有学生,授课节奏控制难度大。另一方面,学生的互动不足,参与度较低,学习兴趣点下降,使得学生的学习主动性和积极性受到影响,直接影响课堂质量。需要考虑在增加方法手段,提升教学资源的吸引力,监控学生的参与程度,督促其主动地参与学习等方面开展研究。

三、后疫情期的课程工程化教育实践与探索

作为培养专业工程应用能力的核心课程,电气控制及 PLC 课程突出"强化能力、重在应用"思想,教学实践经历了传统的线下授课到疫情期间应急式的线上教学实践和反思,综合分析后发现,基于网络在线教育,开展混合式教学是未来提高学生工程应用及创新能力的有效途径,也是课程建设的发展方向。

(一)借助在线平台,开展混合教学

1. 突出"学"为中心,开展混合式教学设计

利用网络平台的平等交互性,突出以"学"为中心的教学理念落地生根,将课程内容进行模块化设计,将基础理论、元件结构、应用设计、系统集成有机地串联在一起,利用课前资源推送、课中互动交流、课后总结深化等环节设计,牵引学生深度参与教学过程,形成有效的知识衔接。突出工程应用能力培养,通过工程项目案例使用,构建基于"行为导向教学理念"的课程教学体系,强调在工程案例牵引中学,学中干,干中学。建立线下实体实验与线上虚拟实验结合的双回路工程实践环境,切实服务学生理论联系实践能力培养。促进以专业工作能力培养为本位教学目标的实现,提升学生学习兴趣。

2. 丰富教学过程内涵,加强教学互动

网络技术的发展,促进了线下与线上教育资源的整合,对于学生建构知识体系,开展深度学习具有很大帮助。因此需要教学双方共同参与,丰富教学过程,形成良好的互动交流。

采用传统的课程教学与线上教学相结合的方式进行授课,充分发挥各自优势,合理设计教学内容与教学环节,互相补充与融合。具体的教学实施中,课前教师建立知识框架,引导学习,学生自主建构。教师需要下发知识清单、推送资源、检查测试;学生要整合知识、建构概念,形成初步的认知及思考。课中教师进行任务驱动,学生完成知识内化。教师要主导设计,创设情境、协作交流以引导学生进行知识深化学习;学生要互动交流,批判反思,形成知识主体架构。课后教师要分析数据、查漏补缺;学生进行知

识巩固、能力迁移拓展。

(二)线上线下融合,整合优势资源

在"互联网＋"背景下,慕课、学堂在线、雨课堂等学习平台上优质的学习资料与视频资源为教师和学生提供了同等丰富、便捷的学习环境,使课堂教学突破了教室的限制。但同时,不加限制的任意选用,又会带来大量无效、重复的学习,导致学习效率低下,不利于完整的知识体系的建立。因此,要发挥线上线下混合式教学的优点,构建加工优质完整的课程资源,灵活合理的使用具有极其重要的意义。

首先,基于教学过程维度,要设计完整的单元知识清单,课前预习视频、知识启发资源用于在线课前预习;课中以工程案例为牵引,形成"基础理论的分析引导＋灵活的互动设计"的教学引导过程,例如在电气控制的正反转控制部分,建立"单向控制→手动正反控制→单重互锁→双重互锁"这样层层递进的设计改进环节,以加深学生能力从学科理论知识向工程实践能力的迁移;课后根据课堂互动、作业等环节评价知识掌握程度,利用微课、设计案例等方式总结强化知识体系。其次,围绕工程应用能力培养维度,建立从线下的电器元件认知→动手操作→电气控制实验→PLC 控制实验,到线上的元件 3D 解剖→电气虚拟实验→PLC 模拟编程的双回路工程实践环境,培养学生实践应用能力。

(三)紧跟发展前沿,提高教师水平

虽然电气控制及 PLC 课程是一门传统的专业基础课程,但随着现代科学技术的迅猛发展,新的应用领域在不断涌现,尤其是要引导学生开展课程自主深度学习,对教师的知识储备和能力水平提出了更高的要求。

首先,针对课程所包含的电器元件、电气控制、PLC 应用三大块内容,要求教师在掌握宽厚、扎实的电器基础理论之上,更要突出电气控制设计、PLC 编程应用能力等综合应用能力,能紧跟新的发展方向与应用领域,及时更新专业知识。教师只有在知识技能水平上保持较高水平,才能在授课过程中灵活自如地运用资源,潜移默化地影响学生,激发学生的求知欲。

另外,伴随着在线工程教育的开展,作为高校教师,不仅要在思想层面更新教学理念,提高自身业务能力,积极拓展视野,学习先进的教学方法,积极将新技术应用于课程教学之中,更要在课程建设层面加强教学团队建设,搭建更加立体、优质的教学资源,积极促进各交叉学科知识的融合,共享资源和优势教学资源,互补创新。还要在具体操作层面,综合考虑学生实际,积极了解微信、钉钉、腾讯会议等在线交流方式,掌握雨课堂、MOOC 等专业在线教学平台使用方法,灵活选择各种辅助教学方式,突破课堂教学的时间、空间的限制,利用信息化媒体工具的新兴性与趣味性,发散思维,激发学生的兴趣,提高学生学习的积极性与主动性。

(四)丰富过程评价,完善考核方式

传统的课堂教学在课前预习、课中互动、课后复习等环节仅依靠片面的提问、作业等方式进行考核,考核方式单一,考核内容偏重知识考核,缺乏深度、全面的考核评价机制。混合式教学模式下,依托在线平台,可以如实地记录下每一名参与学生的学习过程及效果,评价数据既重视学生在教学过程中的学习行为记录,也重视学习成果的检查与考核。

通过构建合理的课程教学评价体系,可以对学生的知识、工程应用能力和素质表现进行综合考核,充分体现学生知识、能力和素质的综合水平情况。评价主体由教师和

学生小组共同组成,评价内容体现项目案例教学所需的各种能力,重视过程,也重视结果。更加关注学生的平时表现,如小组讨论活跃度、项目表现、日常考勤等,督促每一个学生都能够积极参与到教学中去。为突出工程应用能力,以前电气控制及 PLC 考核以课程设计为主要考核内容,占比 70%,主要以工程案例为背景,考核学生从电气控制线路到 PLC 编程的综合应用能力;课堂表现及作业占比 10%,实验及报告占比 20%。开展在线教学改革后,具体课程设计大作业、在线测试及作业、实验及报告、课堂表现各部分成绩以 5∶2∶2∶1 的占比方式开展,丰富了线上线下教学过程的监控考查水平。通过考核方式的引导,有效地激发了学生自主学习的积极性。

四、结语

混合式教学模式综合了线上教学资源共享与线下教学互动的各自优势,并丰富了教学过程的评价数据,使得课程教学理念真正实现了以教师为中心的传统课堂教学向以学生为主的互动式教学模式转变,更新了学生获取知识的方法与习惯。通过本课程的教学实践,形成了一套较为合理的理论与实践相结合、线上与线下相补充的有效教学实践方法,对于培养学生工程应用能力起到了较好效果。通过疫情后参与的省级及全国机械创新大赛获奖成绩来看,学生利用课程知识开展综合设计的能力有了明显提升。

参考文献

[1] 焦建利,周晓清,陈泽璇.疫情防控背景下"停课不停学"在线教学案例研究[J].中国电化教育,2020(3):106-113.

[2] 吕念玲,秦慧平,殷瑞祥,李斌.在线教育在高等学校实验教学中的实现[J].实验室研究与探索,2020,39(7):214-218,222.

[3] 高小鹏.大学生在线训练的过程控制与评价体系[J].中国大学教学,2020,(8):37-42.

[4] 叶福兰.基于混合式教学模式下的"计算机应用基础"课程教学改革[J].计算机产品与流通,2020,(6):267-268.

[5] 王小伟.基于 MOOC 平台的混合式教学模式设计[J].信息与电脑(理论版),2019,31(22):214-216.

[6] 李志梅,张万桢.基于"SPOC+翻转课堂"混合模式的计算机公共课程教学研究和实践[J].教育观察,2019,8(24):21-23.

[7] 夏炎,杨亚非.当前疫情下分析化学线上教学的一点思考[J].大学化学,2020,35(5):1-4.

[8] 冯婵.促进深度学习的混合式教学模式的构建与应用研究[D].石家庄:河北师范大学,2019.

An Exploration of Online Engineering Education Reform of Electrical Control and PLC Course Under the Global Epidemic Situation

Yang Xinyu,Shao Siyu,Li Daxi,Zhang Qiang

Abstract:As a professional foundation course for electrical engineering and other related majors,Electrical Control and PLC course is of great significance for adapting to the needs of new engineering education construction under the new situation. The course plays an important role in cultivating students' capabilities in professional foundations, especially engineering application ability. Affected by the COVID-19 epidemic, the normal teaching of this course and the corresponding students' application ability training effect are facing huge challenges. We are forced to build on the Internet platform and make full use of various information means to accelerate the construction of three-dimensional teaching resources and online engineering education environment, to carry out the practice of mixed teaching mode, explore the evaluation mechanism of the online engineering education environment and form the preliminary experience in practice. The course reform highlights the student-centered educational philosophy, greatly stimulates students' enthusiasm and initiative in online learning, ensures the normal teaching effect and teaching efficiency of the course, and achieves the expected results. A series of methods explored in the course reform have certain guiding significance for the teaching of other engineering majors.

Key Words: Electrical Control and PLC; Teaching Reform; Blending Learning; Engineering Education

图书在版编目（CIP）数据

科教发展评论. 第八辑 / 张炜主编. —杭州：浙
江大学出版社，2021.7
ISBN 978-7-308-21547-3

Ⅰ.①科… Ⅱ.①张… Ⅲ.①高等教育—中国—文集
Ⅳ.①G649.21-53

中国版本图书馆 CIP 数据核字（2021）第 128566 号

科教发展评论(第八辑)

主编　张　炜

责任编辑	李海燕
责任校对	董雯兰
封面设计	雷建军
出版发行	浙江大学出版社
	（杭州市天目山路 148 号　邮政编码 310007）
	（网址：http://www.zjupress.com）
排　　版	杭州青翊图文设计有限公司
印　　刷	杭州高腾印务有限公司
开　　本	787mm×1092mm　1/16
印　　张	5.25
字　　数	131 千
版 印 次	2021 年 7 月第 1 版　2021 年 7 月第 1 次印刷
书　　号	ISBN 978-7-308-21547-3
定　　价	25.00 元

版权所有　翻印必究　印装差错　负责调换

浙江大学出版社市场运营中心联系方式：0571－88925591；http://zjdxcbs.tmall.com